平台经济视角下的机场定价机理研究

史普润　著

东南大学出版社
SOUTHEAST UNIVERSITY PRESS
·南京·

图书在版编目(CIP)数据

平台经济视角下的机场定价机理研究/史普润著.
—南京:东南大学出版社,2021.10
ISBN 978-7-5641-9766-7

Ⅰ.①平… Ⅱ.①史… Ⅲ.①机场管理-定价-研究
Ⅳ.①F560.8

中国版本图书馆 CIP 数据核字(2021)第 226763 号

责任编辑:马伟 责任校对:张万莹 封面设计:顾晓阳 责任印制:周荣虎

平台经济视角下的机场定价机理研究
Pingtai Jingji Shijiaoxia De Jichang Dingjia Jili Yanjiu

著 者:史普润
出版发行:东南大学出版社
社 址:南京四牌楼 2 号 邮编:210096 电话:025-83793330
网 址:http://www.seupress.com
电子邮件:press@seupress.com
经 销:全国各地新华书店
印 刷:广东虎彩云印刷有限公司
开 本:700mm×1 000mm 1/16
印 张:9
字 数:177 千字
版 次:2021 年 10 月第 1 版
印 次:2021 年 10 月第 1 次印刷
书 号:ISBN 978-7-5641-9766-7
定 价:49.00 元

本社图书若有印装质量问题,请直接与营销部联系。电话:025-83791830。

序

受我的学生史普润之托,为即将出版的《平台经济视角下的机场定价机理研究》作序。平台经济是当前较为热门的研究领域,史普润在读博期间,便对平台经济产生了浓厚的兴趣,加之他的博士专业是民航运输业的市场结构及运营管理,两者的结合便促使他产生了以平台经济这一新兴、独特的视角去研究机场管理问题的设想并进行研究实践。这是一个值得认可的有益探索,具有较强的研究价值。

平台包罗万象,形态各异,从我们熟知的新兴互联网产业如淘宝、美团到较为传统的大型商场、超市,其实质都是平台。但是要说机场也是一个平台,可能会存在较大的争议。由于机场也并不为大众所熟知,因此将其视为一个平台,是作者经过一定的思考论证后得出的结论。

随着机场属地化制度的变革,机场管理成为机场自主经营的关键。在机场管理的诸多问题中,定价问题又是机场管理问题的核心,这涉及机场核心业务的收入。因此研究机场的定价问题对机场的管理实践来说,具有重要的意义。传统的定价理论往往建立在单边市场的基础之上,借助经典的供需关系理论完成价格的制定。但是作者从双边市场的角度去考察机场的定价,便倏然衍生出一大片广袤的、值得思索的研究领域。比如,机场的客户类型界定、机场的收费方式、机场是否需要进行倾斜定价、机场顾客的归属情况、机场的市场结构问题等。本书对以上问题都做了较为详细的分析和论证,这对机场管理实践具有一定的借鉴意义。

作者在国内较早提出了运用平台经济理论去解决机场管理决策问题,相关文章发表于《管理评论》《财贸经济》等期刊。本书的内容基本建立在上述论文的研究脉络之上,具有较为完整的研究体系,通过对本书的阅读,可以大致了解如何运用平台经济的相关理论去分析机场的管理(尤其是定价)问题的方法,可以了解不同市场结构下机场的定价策略。

　　作者在写作过程中,参考并引用了大量的国内外文献,思想基础得以建立,并且又对先前的研究成果进行系统的整理,再消化加工,从而使研究基础更为扎实,加之花费更多的精力去完成书稿的著述与修改,因此对著书的学术价值充满期望。当然,限于作者的学术积累和专业知识的限制,本书还有诸多不够完善的地方,有些观点也值得商榷,真心盼望得到同行专家的批评与指正。

　　最后,本书是作者生平出版的第一部著作,作为前辈闻之则喜,所谓"狷者有所不为而狂者有所为",理应对其加以鼓励! 也希望作者能够继续在学术的道路上探索更多的未知,为经济社会的发展贡献自己的青春力量。

　　是为序。

南京航空航天大学教授、博导

江可申

前　言

随着飞机从军用转为民用,以及飞机装备性能的改进,机场的功能也发生了很大的变化,已经从最初的飞机起降地,发展到集零售、停车、空管、房地产、旅游等于一体的,劳动力、资本和技术相当密集的国民经济重要支柱产业。其已在航空运输产业链中具有举足轻重的地位,发展程度代表一个国家的综合实力和现代化的水平。虽然我国现在已经可以算是一个民航大国,但距民航强国的地位还有很大的距离。这种差距的存在有很大一部分原因在于我国民航运输企业的战略、管理及运营等方面与一些发达国家的民航企业相比存在较大的差距。在 2010 年的全国民航工作会议上,中国民用航空局党组提出了全面推进建设民航强国的战略构想。民航强国战略为促进我国航空运输业长期平衡较快发展,更好地为适应综合交通运输发展明确了目标、指明了方向。本书以此为号召,在机场的管理领域,试图通过平台经济的分析框架探索机场管理的革新。

本书在平台经济的分析框架下,着眼于不同市场结构下机场的定价机理(包括定价表达式、策略和影响因素,以及由此带来的管理启示),对机场的管理从平台的角度进行重新的诠释,并对由此分析而得到的结论进行实证分析。结论主要有以下四个方面:

(1)我国机场的市场结构情况。我国机场的市场集中度无论是 CR_4 还是 CR_8 都呈现出逐年下降的趋势。其中 CR_4 从 0.59 降到了 0.32,CR_8 从 0.72 降到了 0.48。这种下降的趋势反映出随着我国机场政策的不断变化,机场的市场垄断程度已经被逐渐地削弱,基本上接近了贝恩所划分的低集中寡占型。从时间阶段来看,1987—1991 年间我国的机场业基本上处于中上集中寡占的类型,寡占的程度较高,市场的竞争强度较弱;1992—2008 年间我国的机场产业集中度有所下降,处于中下集中寡占的类型,寡占的程度较低,受政策的影响竞争程度得以进一步加强;2009—2011 年间我国的机场业基本上处于低集中寡占的类型,寡占的程度低,并存在向竞争型接近的趋势。

(2) 机场所具有的平台特征。以机场作为平台商,其所面临的客户市场不仅仅是航空公司和乘客的双边市场,由于开展非航空业务的需要,机场还会面临以零售商为代表的第三边市场;机场对航空公司、乘客和零售商所收取的费用分别是:注册费、交易费和注册费;机场对航空公司、乘客和零售商的归属策略分别为:多属、单归属和部分多属策略。

(3) 垄断机场的定价策略。在垄断的市场结构下,机场对航空公司和乘客的收费都与航空公司和乘客的需求的价格弹性以及网络外部性有关,而且是一种负向关系。预期交易次数将影响机场对乘客的定价,而不影响机场对航空公司的定价。机场对乘客的定价与机场的服务成本以及机场的匹配能力正相关。在航空公司和乘客的需求的价格弹性及网络外部性相同的假设下,机场会采取倾斜的定价策略。

(4) 竞争机场的定价策略。竞争对手的定价策略会影响到机场的定价,将促使相互竞争的机场之间存在一个保持价格变动方向一致的趋势。特别是,机场对航空公司的定价会与竞争对手完全同步;机场对乘客的定价受竞争机场对乘客收取的交易费、乘客的平均单位交通运输成本、乘客所在地离机场的距离、乘客与航空公司的预期交易次数的区间上限、乘客的网络边际价值、乘客在机场及竞争机场单归属的人数等这些因素的影响;机场对零售商的定价与竞争机场对零售商收取的注册费、零售商的平均单位交通运输成本、零售商的仓库或是进货地离机场的距离、零售商总数、高低类型网络规模的边际价值、零售商从属于机场的低类型的比重有关,具体影响情况见书中详述。

目　录

1 绪　论

1.1　研究的背景及行文目的

　　飞机的发明及其技术的发展使得地球似乎变小了一样，人们为此用了一个很形象的比喻：地球村，以此来形容我们的星球。200多年前，六世班禅为了拜见乾隆皇帝，用了一年多的时间才从拉萨赶到承德避暑山庄。达官贵人的远行尚且如此耗时，如果换作一般的老百姓那就更是艰难了，为此伟大的诗人李白在面对艰难远途时发出了"欲渡黄河冰塞川，将登太行雪满山"的感叹。然而如今，全球各地每天都有不同肤色的人乘着飞机在空中穿梭，高山大海臣服于我们的脚下，乘坐飞机已是许多商旅人士出行的首选。现代航空运输彻底改变了人类在交通问题上的困顿，航空运输缩短了人们之间的距离，使人类自身的活动范围得到了极大的扩展，全面促进了各国之间、各地之间政治、经济和文化等领域的发展，人类生活变得更加丰富多彩，航空运输业的发展也随之逐渐地被世界各国重视起来。

　　随着航空运输业的发展，其行业分工也变得更加精细。航空公司（Airlines）即为乘客和货物提供民用航空服务的企业，其以各种航空飞行器为运输工具，且其运营需要具备官方的认可。航空公司所使用的飞行器可以是自己所拥有的，也可以是通过租赁获得的；其规模可以是只拥有一架运输飞机，也可以是拥有数百架运输飞机，其组织形式可以是独立提供服务的单个公司，也可以是与其他航空公司合伙或组成航空联盟。航空公司的服务形式可分为航班服务和包机服务，航空公司的服务范围可以分洲际、洲内和国内。[1]

　　机场（Airports），亦称飞机场、空港，较正式的名称是航空站[2]，是固定翼飞机、直升飞机或飞艇起飞和降落的场地。机场的组成至少需要一个平面，如跑道、直升机停机坪或水面,而且往往包括一些建筑物,如塔台、机库和航站楼。大型机场可能有机场地勤服务、水上飞机停泊码头和机坪、空中交通管制和旅客设施以及灾难应对服务。提供军机起降的机场则称作军用机场。

机场与航空公司之间彼此需要、相互协作,共同完成航空运输的生产活动。其中机场主要负责航空运输中基础设施的投资和建设,当然其规划也需要一些对机场业务来说有重要相关的基地航空公司的参与;航空公司则主要负责提供航空器及运输途中的相关服务(如空乘服务),同样,航空公司的飞行航线和航班的安排也需要机场的参与。由于航空公司的航空器必须停靠在机场,且机场为航空公司的飞机停靠提供所需的专业服务,因此对于机场来说,航空公司是其一类客户,航空公司为机场带来了航空业务的收入。

改革开放以来,我国民航系统经过多次系统性的体制改革,大体上经历了以下四个发展阶段:

第一阶段:航空管理的军事化。

在这一时期(1980 年以前),由于我国实行的是计划经济体制,因此为了适应计划经济体制的要求,我国的行政管理采取了集中型、全能型和管制型的管理体制,同时政企合一的经营方式是中国社会经济的主流。此时的民航管理由中央政府完全控制和垄断,实行军事化管理。

第二阶段:非军事化改革。

在此期间(1980—1987 年),我国逐步开始改革开放。然而,由于此时我国的经济体制仍未脱离计划经济的框架,因而政府职能的转变也只是在进行局部的调整。1980 年 3 月 5 日,民航总局不再由空军代管,改为国务院直属机构,民航实行企业化管理,但民航总局的管理体制仍是政企合一的,航空运输业仍由国家垄断。

第三阶段:企业化改革。

在这一阶段(1987—2002 年),建立社会主义市场经济体制成为政府工作的主要目标。此阶段,政府管理从微观转向宏观。由于政府管理机构和管理层次都得到了精简,因此此时的中国民航业进入放松管制时期。机场和航务实施分开管理。国务院将民航总局改革为管理民航事业的部门,进行行政管理,不再直接经营航空业务。

第四阶段:改革深化

在此阶段(2002年至今),国务院进行了大规模的行政管理体制与政府机构改革以适应社会主义市场经济体制的要求。2002年3月,中央政府对民航业进行了又一次重大的改革:机场属地化改革,将机场的管理权由民航总局下放到机场所在的地方管理。

经过这四个阶段的体制改革,我国的机场业已从一个军事化的行业发展成为一个现代化的、对国民经济和社会发展起重要作用的航空运输体系。尤其是2002年的民航管理体制改革,实行了行业重组、政企分开、政资分离,对我国民航发展的影响最为深远。通过此次改革,我国民航基本建成了适应社会主义市场经济要求并与国际接轨的新的行业管理体制,民航行政机关行业管理力度加大,行业安全水平提高,市场秩序逐步规范,对内对外开放格局基本形成,资源和生产要素的配置逐步优化,骨干航空运输企业规模扩大、竞争力增强,航空运输和保障企业、机场的市场主体地位确立,发展的积极性提高,全行业进一步呈现持续、快速、健康、协调的发展态势。持续多年的高速增长,使得我国民航业取得了令人瞩目的光辉成就。2005年我国航空运输总周转量增长速度高于世界平均增长水平6.5%,达到261亿千米,在国际民航组织缔约国中升至第二位。然而在快速发展的同时,也应该清醒地意识到我国民航业在今后较长一段时间内仍将处于成长期。

民航业是一个劳动力、资金和技术非常密集的行业,是综合交通运输体系的有机组成部分,是国民经济的重要支柱产业,其发达程度体现了国家的综合实力和现代化的水平。虽然我国现在已经可以算是一个民航大国,但距民航强国的地位还有很长的距离。这种差距的存在有很大一部分原因在于我国民航运输企业的战略、管理及运营等方面与一些发达国家的民航企业存在较大的差距。另外,我国的民航专业人才的数量和质量与我国民航的发展速度不匹配,从业人员素质亟待提高。在2010年的全国民航工作会议上,中国民用航空局党组提出了全面推进建设民航强国的战略构想。民航强国战略为促进我国航空运输业长期平衡较快发展,更好地适应综合交通运输发展明确了目标、指明了方向。为此,我国民航的发展急需科学的理论指导。本书行文目的之一便是为民航企业的科学管理尽自己的微薄之力。

说到机场人们往往会将其与垄断性的经营联系在一起。通常情况下,在世界上的多数城市里都只存在一个机场。仅有少数城市建设了多个机场,但这些机场往往也是按照一定的分工所存在,且常常是有相同的拥有者或管理者。比如:上海浦东和虹桥两个机场就是在"构建上海航空枢纽"这一国家战略下被作为一个整体来规划的。其中浦东机场以构建"国际门户枢纽机场"为发展目标,而虹桥机场的主要任务则是构建"国内枢纽机场"。不仅如此,巨额的基础设施投资及昂贵的扩展费用也使得很多潜在竞争者望而却步。这就是说,机场在一定区域内存在着自然垄断的属性。然而,自 20 世纪 70 年代以来,以美国通过的《民航放松管制法》(ADA)为标志,许多国家纷纷放松原有的对机场的经济性管制,逐步取消航空公司的定价和市场准入的限制,这就使得原先旱涝保收的机场开始为获得其生存所需的客户资源展开了激烈的竞争。

在机场属地化浪潮和自负盈亏的生存压力下,如何更有效地进行管理是摆在机场管理者面前的头等大事。目前我国的机场中数北京大兴国际机场规模最大,大兴机场的管理经验也代表着我国机场行业的经营、管理水平和发展方向,其发展模式也就形成了所谓的首都机场模式。此外还有上海机场模式、白云机场模式、深圳机场模式等。总结起来主要有以下三种:跨省机场集团管理模式、航空公司管理机场模式、机场合资和上市模式。[3] 相对于这些模式来说,在美国的学术界以卡萨达(John Kasarda)为代表开始探讨运用平台经济的思维来开展机场管理的研究,这是一种新兴的思维模式。

回顾《财富》500 强的企业名录变更,淘汰率从 20 世纪 80 年代的 30% 上升到 2000 年的 54%,新经济时代的企业竞争越来越激烈,越来越多维化。这其中还透露出了一种现象,那就是许多产业,如电子商务业、零售业等已经不再是单个公司之间的竞争,而变成了几个相互有业务关联的公司组成的"系统"之间的竞争,这些"系统"之间虽然各有自己的特征,但却存在着一个共同的特征,即具有"平台特征"。具有这种特征的系统由原先市场上一方供给一方需求的单纯经济关系演变为由一个平台企业运营商提供平台服务,两类或多类用户群在平台上进行商品、信息等互动的复杂经济关系。这时的平台企业通过有效地促成平台上互动的用户之间的交流而吸引顾客,并通过用户的加入或是从用户之间的交易中来获得收入。平台企业与每一类用户之间的供求关系构成了一个并不独立的市场,这称为平台的一条边,很明显平台至少存在两条边,通常的平台都具有两条边,因此有些人往往把这种一个平台企业为两类用户提供服务的市场称为双边市场。

平台的运营模式和经营理念与传统的经典供需关系的市场存在着较大的区别,因为在平台的运营管理中,平台所面临的用户是两个或多个相互之间有关联的企业或顾客,平台需要同时满足各条边的需要,并尽力促成他们之间的交流,经营管理目的的多样化使得平台企业的管理较之传统市场的企业难度更大。同样,在理论方面,平台的理论较之传统市场也有很大的扩展,主要表现在平台用户之间存在着网络外部性,因此在分析平台用户之间的关系时必须考虑这一网络外部性;其次,还有市场结构的变化,在传统的市场结构下,企业的市场势力体现在其所拥有的市场份额上,但是平台企业由于拥有两类以上的用户群,其所拥有的市场势力势必要较传统的市场复杂得多,并且在考虑用户数量的同时,还需要考虑用户之间的网络外部性,以及用户多归属的情况。这些理论及实践的拓展对于产业组织理论、企业战略和营销理论等都会产生重大而深远的影响。

机场以自己拥有的广阔的地域空间为航空公司的飞行器提供停靠、补给、指挥等服务,同时又为前来乘机的乘客提供安检等服务。机场的经营模式具有平台产业的诸多特征,因此如果将机场单纯地看作是一个传统市场上的企业,势必会使机场的管理遗漏一些重要的方面。因此将机场的管理纳入平台的分析框架对于机场的管理来说也是具有深远意义的。

然而,机场与网络市场上的电子购物平台或是现实中的大型超市、移动通信业等平台之间又存在着许多不同之处,比如机场对于国家具有一定的战略意义,国家可能会对机场的建设、运营、维护、扩张等加以干涉;在机场停靠飞行器的航空公司数量很少,但是前来乘机的乘客却很多。因此,对于机场来说,运用平台经济的理论进行分析的同时,把握机场的平台特征以及机场作为平台所具有的特性是非常重要的。就目前的研究情况来看,这方面的研究还很缺乏,因此对机场平台特征及机场特性的挖掘也是本书的行文目的之一。

关于平台的研究是从 2000 年以后才开始的,因此平台经济还是一门新兴的科学,目前学术界对于它的研究还仅限于定性的描述和静态的建模阶段,既缺乏对平台尤其是平台竞争的动态的建模又缺少对研究结论的实证检验。出于对研究内容的检验以及对平台研究成果的丰富,本书还致力于平台竞争和垄断模型的实证检验。

1.2 研究的内容和意义

1.2.1 研究的内容

本书的具体内容及章节安排如下:

第 1 章为绪论,主要介绍本书的研究背景、内容、意义及创新点,并简要介绍机场与航空公司之间的关系以及本书的技术路线以方便不了解民航业的读者理解本书。

第 2 章为国内外文献综述,是对与本书研究相关文献的总结和归纳。主要从机场的经济特征、我国机场的市场特征、我国机场的管理实践和平台经济这四个方面对其进行梳理,从而为之后的行文作文献方面的奠基。

第 3 章为我国机场的市场结构分析。这一章主要是对我国机场的市场结构进行实证分析,所使用的年限为 1987—2011 年,所使用的方法是 CR_4 和 CR_8,所依据的划分标准是贝恩对市场结构的分类。由于机场行业是一个特殊的行业,存在着许多一般市场所没有的特性,因此在这一章中还对市场及市场结构的概念以及机场的经济特性、市场特性进行了论述和分析,为我国机场的市场结构的实证分析奠定基础。

第 4 章为机场的平台特征。这一章主要是在平台的基础上分析了机场所具有平台特征,包含机场的收入、机场平台的运作模式、机场平台的网络外部性和机场平台的归属问题这四个方面。这一章的行文目的仍是基础性的，为第 5 章的模型假设提供理论支持。其次这一章还论述了平台的相关概念及理论，这些概念和理论在后文的分析及模型的假设和建立中都有所涉及。

第 5 章为基于平台经济的垄断机场定价机理。这一章是本书的核心之一，主要内容是在平台经济的分析框架下对垄断型市场结构的机场的定价模型、价格表达式、定价影响因素和对机场管理所带来的启示进行分析和论述。其次，在这一章中还论述了几种垄断平台的定价模型，包括一般模型、数量模型和价格模型，并对这些模型进行了甄选，最后选择 Armstrong 的价格模型作为基础模型，并对其进行必要的改进以符合本书分析的需要。

第 6 章为基于平台经济的竞争机场定价机理。这一章也是本书的核心，主要内容是在平台经济的分析框架下对竞争型市场结构的机场的定价模型、价格表达式、定价影响因素和对机场管理所带来的启示进行分析和论述。这一章的结构安排采取了与上一章类似的表述方式，同样在这一章中也次要论述了几种竞争型平台的定价模型，包括竞争型平台的一般模型和多属的 Hotelling 模型，然后对这些模型进行了甄选，最后选择 Farrell 和 Saloner 所构建的 Hotelling 模型作为这一章分析的基础模型，并对该模型进行了拓展。

第 7 章为机场平台定价模型结论的实证检验。这一章主要是对上两章中模型所得结论的可靠性进行实证检验。其中，对于垄断机场的实证分析方面，由于垄断是一种特殊的市场结构，现实中往往不存在绝对的垄断，因而本书只是去检验机场是否有垄断平台的定价倾向；对于竞争机场的实证方面，本书依据我国目前机场的现实情况，所选取的机场为深圳机场和广州机场这两个在珠三角地区具有较强竞争性的机场，样本年限为 2001—2011 年，时间间隔为半年。由于数据的收集存在许多困难，并且有些数据无法获得，因此本章在数据收集的时候对于那些无法获得的数据采用了灰色预测的方法来获得。其次，在这一章还介绍了在实证中所需的理论和模型，包括时间序列平稳性的检验、向量自回归模型、Johansen 检验和灰色预测的理论模型。这些理论和模型在后文的实证分析中都有所涉及。

第 8 章为管理启示，论述了由此带来的管理启示，并辅以一些机场的案例加以说明。此外,还进一步给出了在平台经济分析框架下机场管理者应当如何进行管理的政策建议。

第9章为结语与展望。其中结语部分主要是对本书核心部分的结论进行概括,并对整体进行了评述,最后展望部分指出了不足之处以及将来可以研究的方向。

1.2.2 研究的意义

机场长期以来一直因为经营效率低下、经济亏损而备受指责。关于机场管理的研究一直在学术界进行着。虽然研究的成果很多,但是主要都是一些定性的研究,且都集中在传统单边市场中讨论机场的管理。平台经济是当下平台产业管理问题研究的新思路,将平台经济的分析框架引入机场管理对机场管理者来说,具有新的指导意义和实践意义。具体说来本书的研究意义有以下几点:

(1)本书分析了我国国内机场的市场结构状况。虽然此前已有学者作了这一分析,但是由于时间较早,并不能反映当前机场市场结构的最新状况,因此本书的此项研究具有一定的时效性。

(2)本书依据不同时期我国机场的市场结构状况,分别对垄断和竞争两种市场结构下机场的平台定价策略进行了建模,并分析了研究结果所带来的管理启示。这些研究结果的获得可以为机场的管理者依据平台经济的思维进行管理时提供参考。

(3)本书针对基于平台经济的垄断、竞争机场的模型结论进行了实证检验。由于在平台经济理论的研究中关于实证方面的研究并不多见,因此本书的实证研究为后来者研究与平台经济相关的实证方法提供可借鉴之处。

(4)本书还针对平台框架下机场定价策略表达式及其所获得的启示,提出了机场发展的政策建议,这对机场如何正确地采用平台定价策略来更好地管理机场提供了实践依据。

1.3　技术路线图

本书的技术路线如图 1-1 所示。

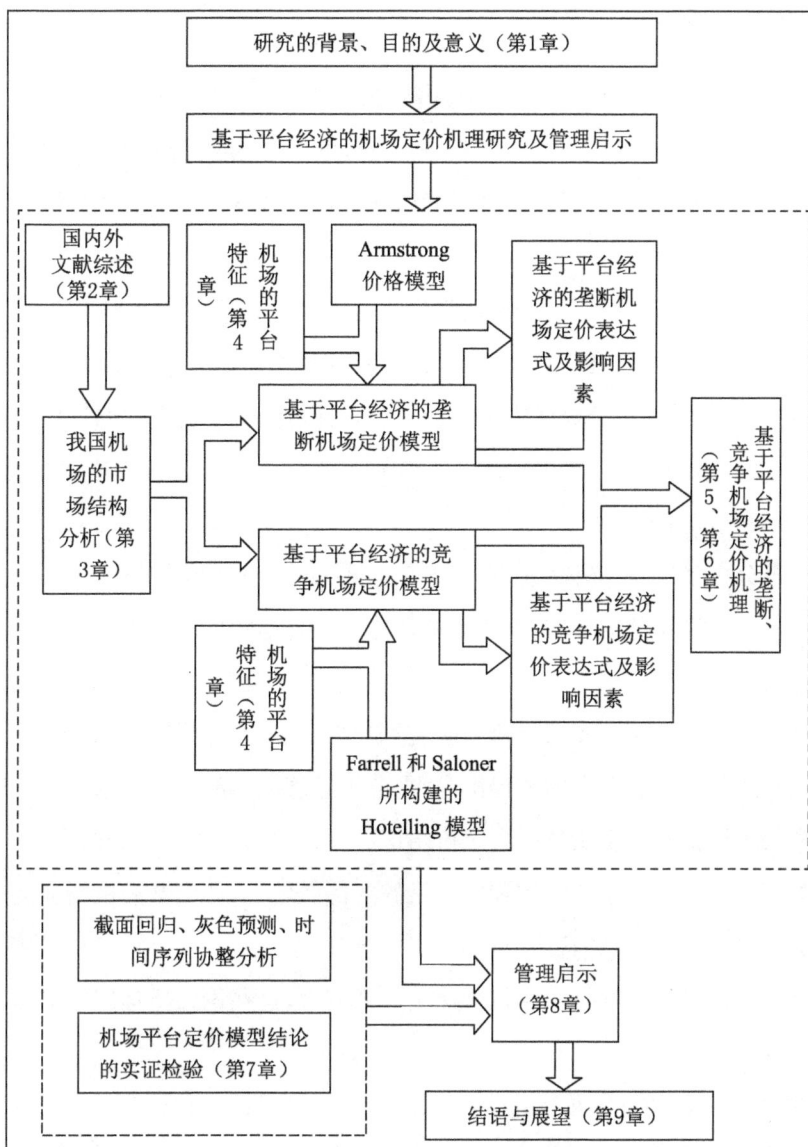

图 1-1　技术路线图

1.4 研究方法和主要创新点

1.4.1 研究方法

本书在平台经济理论的基础上,借助灰色系统、统计学和计量经济学的知识及其他相关理论和模型,采用规范分析与实证检验相结合的方法,并辅以案例的分析和比较分析,通过定性分析的推演及定量分析的运算综合分析了机场定价机理及管理启示。

其中灰色系统理论的运用是在实证数据获取不完全的情况下,由于实证研究的内容具有小样本、贫信息的特点,符合灰色系统理论运用的条件,而采取的一种科学的数据预测、补充的方法。统计学和计量经济学的知识的运用主要是在第 7 章的实证分析当中对于时间序列的协整分析以及相关的平稳性检验、Johansen 检验等进行的。

规范分析是研究"应该是什么"的问题,即在一定的价值判断的基础上,树立处理某些经济问题的标准,并研究如何才能符合这些标准。本书关于平台经济理论对机场管理作用的论述以及因此而进行的机场定价模型的推导便是运用了规范分析的方法。实证分析是研究"是什么"的问题,它与规范分析相反,是从某个或某些可以证实的前提出发,来分析经济活动的。本书第 7 章运用时间序列协整模型对竞争机场平台定价结论的检验便是实证分析的内容。

本书对于管理启示的论述辅以大量的案例做佐证,如史基浦机场临空经济发展的案例、石家庄机场打造"首都第二机场"的案例、白云机场解决"天价商品问题"的案例、桃仙机场城市候机楼建设的案例等,这些论述所运用的都是案例分析的手法。

对比分析法是指把两个相互联系的事物进行比较,从数量、规模、水平等方面展示两者的不同。本书在对垄断和竞争两种市场结构的机场定价模型进行选择时便运用了比较分析的方法,对时下学术界较为接受的几种模型进行比较,通过选择其中较为适合机场特征、适合本书研究目的的模型即 Armstrong 价格模型和 Farrell 与 Saloner 所构建的 Hotelling 模型。

所谓定性分析就是对研究对象"质"的方面的特征进行分析。一般采用归纳、演绎、抽象、概括等方法对手中所获得的各种材料进行思维的加工,去伪存真、由表及里,从而达到揭示事物内在规律的目的。本书关于机场平台特征的分析便是运用演绎的方法从平台的定义出发,得出机场符合平台的定义,是平台提供者即平台商的结论;然后对机场作为平台商所面对的客户的特征进行概括,并通过抽象的方法提炼机场的平台收费方式及机场平台客户的归属情况。这些都是定性研究的内容。

定量分析是依据统计数据的收集然后建立数学模型,并通过对数学模型的计算来分析社会现象中事物的数量特征、数量关系以及数量变化的一种分析方法。本书关于定量分析的研究主要集中在第 3 章对我国机场的市场结构的分析和第 7 章对垄断、竞争机场定价模型及结论的实证检验。这些定量分析都严格地按照先收集数据,然后建立模型,最后通过对模型的推导和计算来获得分析结论。

1.4.2 主要创新点

本书的主要创新点可归纳为以下四点:

(1) 理论创新

在机场的管理领域引入平台经济的理论思维,通过对其合理性证明及机场平台特征的分析,扩充了机场管理理论;将双边市场理论及模型拓展至三边市场,并将其运用于机场定价表达式的推导,扩充了平台经济的理论。

(2) 应用创新

将平台经济理论及模型应用于具有平台特征的机场行业,通过市场结构分析、定价模型的构建及定价表达式的推导,扩展了平台经济的应用领域,从而,双边市场理论拓展至三边市场理论在此有了明确的应用领域和应用对象。

(3) 内容创新

将平台经济的管理思想引入机场管理领域,从一个全新的视角研究机场管理；在推导机场定价表达式之后，分别选取美国大型机场和我国广州机场、深圳机场的数据作为样本对定价表达式进行了实证检验，从而使实践上的比较效果得以体现。

（4）方法创新

将 Farrell 和 Saloner 所构建的 Hotelling 模型推广到三边市场；将定量分析与定性分析相结合，在机场平台特征分析及机场定价表达式推导的基础上，运用计量经济学的方法对定价表达式的适用性进行实证研究。

2　国内外文献综述

关于机场的管理研究一直是学术界热议的话题。从过去的被指责垄断经营、效率低下、收费高昂到如今机场属地化浪潮后学者们对机场竞争的讨论，机场无时无刻不在被关注和研究。由于机场管理是一个复杂系统，牵涉到航空运输、物流、零售、房地产、金融、安检等众多方面，因而关于它的研究面也就非常广泛，本章仅针对本书的研究内容进行相关文献的梳理。

2.1　机场的经济特征

2.1.1　机场的产业类型及相互关系

关于机场的产业类型以及这些产业之间存在着怎样的相互关系已有许多学者对其进行了研究。其中 2012 年雷珍细和谢泗薪研究了长沙黄花机场的非航空业务的市场结构情况，他们就目前机场产业内企业的数目、产品的差别程度、对价格的影响以及进入壁垒这四个方面进行分析，认为长沙黄花机场的非航空业务还是存在着很强的垄断性。但是作者通过分析认为黄花机场的非航空业务的垄断性正在降低，并有向竞争性转变的趋势，其论据也是来自产业内企业的数目、产品的差别程度、对价格的影响和进入壁垒这四个方面。[4]

卓蔚璇以 H 国际机场为研究对象，通过分析该机场非航业务组成特点和发展现况，揭示其所存在问题，并对 H 国际机场非航空业务的后续发展提出相应的措施和建议。[5]

杨友孝和程程研究了花都区机场发展的主导产业选择。他们通过对花都区机场的产业格局的数据分析并结合相关理论提出：花都区现阶段的主导产业应由处于产品生命周期的成长阶段的产业和新型产业组成。[6]

张凤岩和王剑采用灰色关联和主成分投影的方法对大庆机场临空产业进行了选择,他们最后得出结论:大庆机场在近期应重点发展临空高新技术、航空物流等产业,而远期应当发展会展、汽车高端服务等产业。[7]

刘雪妮、宁宣熙和张冬青研究了机场的临空产业特征,他们指出临空产业具有航空运输指向性和知识、技术密集的特征。[8]

闫娟通过分析海南临空经济发展现状及规划,以及国内外多机场临空经济区的差异化发展经验,为海南多机场临空经济发展及临空产业集群的建设提供思路和建议,使各临空经济区在发展中既能够保持其自身特色,又能实现合理分工和协同发展。[9]

王吉杰和李育红探讨了机场物流业的发展思路。[10]

赵冰和曹允春在产业转移的背景下研究了我国临空产业的选择问题,他们认为适合构建的临空产业链有三个产业集群:一是航空运输产业集群,二是临空高科技产业集群,三是临空现代服务产业集群。这三个产业链中应首先发展航空运输产业集群,然后才是建立在运输服务链上的临空高科技产业集群和现代服务产业集群。[11]

周霆钧、马占霞和王春丽介绍了首都机场发展总部经济的情况,并预计总部经济会带动产业结构的大调整。[12]

关娜和吴永祥运用圈层结构的形式描绘了机场临空产业的分布情况及特征。[13]

程程和邸振权研究了机场临空产业的划分问题,并依据临空指向性的差异特征将临空产业划分为临空指向最强、较强和较弱三种产业。此外他们还从政府态度、发展目标、空间布局和投资环境四个角度研究了临空产业的特征。[14]

王珏璟、黄悦和陈智玲研究了机场临空产业的布局问题,他们认为临空经济区的产业布局应由航空服务业、航空港的特征以及空港和中心城市之间的交通等因素共同作用,这些将导致临空经济区的空间结构可能不会呈现出完全的同心圆的结构。[15]

张贤都和张贤荣研究了机场临空产业的空间布局模式,他们将其总结为组团式圈层布局模式、组团式偏心布局模式、点轴线形拓展式模式和混合布局模式。[16]

史娟红研究了南京禄口机场的临空产业的选择问题,她认为禄口机场应当重点发展航空航天产业、现代物流寄送产业、高新技术产业、旅游产业和绿色食品产业。[17]

朱丹在 QR 思想的基础上提出了构建了厦门机场的临空产业链条的战略思想。[18]

方中权研究了新白云机场周边地区产业的发展,他认为新白云机场周边地区不宜发展工业,并且,他推荐了生态农业、绿色物流业、会展业和住宅业等环保产业。[19]

孙沂汀分析了日本成田国际空港、东京羽田国际空港、关西国际空港三个日本最重要的航空港,认为三大空港已逐步形成建设与发展的良性循环。针对这三大空港的发展历史、产业结构以及发展模式,作者总结出了一些规律性的发展模式,并由此对国内临空经济的发展提出了一些借鉴。[20]

学者们关于机场产业的研究,基本上都是在机场发展航空产业的基础上,讨论不同机场所适应的不同的非航空产业,如白云机场适宜发展环保产业,禄口机场适宜发展旅游业、高新技术业等。总的来说,他们都肯定了机场发展非航空产业的重要性。

2.1.2 机场与地方经济的相互关系

由于机场自身拥有一个庞大的体系,因而机场与地方经济的相互关系也成为研究者感兴趣的内容。苏州和胡荣从实体价值和虚拟价值两个方面研究了机场非航空性资源的价值。他们认为机场虚拟价值的创新将有利于提升机场品质、提升航空主业的竞争力和保障航空主业的财务支撑。[21]

何行和何潇立足于通用机场的高速建设趋势和县域经济的发展困境,通过论述依托通用机场提升县域交通通达程度的可行性,阐明了通用机场对县域产业经济发展的影响。[22]

吴涛和王运泉研究了广州新白云机场对花都区经济发展的影响,他们认为这种影响主要有四个方面:第一,能够为花都区带来人流、物流、资金流、信息流的资源;第二,能够带来基础设施的进一步改善;第三,能够促进产业结构优化、升级;第四,能够促进花都区的城市化进程。[23]

马风华利用白云机场和宝安机场的数据,采用了格兰杰因果检验的方法对机场发展与城市经济增长的关系进行了研究。[24]

吴建军和高燕菲选取 2004—2018 年中国 37 个大型空港城市的面板数据,基于技术创新的中介效应,考察了临空经济对区域经济增长的影响,发现临空经济对区域经济增长具有显著的促进作用,区域创新在临空经济与地区经济增长之间发挥了显著的中介效应。[25]

高友才和何戬用 2013—2017 年中国 37 个千万级航空港及所在区域数据,实证分析了临空经济发展的影响因素及对区域经济发展的影响,发现以枢纽机场为核心的临空经济是区域经济的增长极,其增长效应能够显著带动整个区域经济的崛起和发展。[26]

卢芬认为机场的经济特性包括三个方面:准公共产品属性、正外部性和自然垄断性。此外他还用投入产出法分析了白云机场就业的拉动情况,得出结论:2007 年白云机场的迁建工程项目平均拉动了 40 168 个就业岗位。[27]

刘海波和刘明君研究了机场与腹地经济发展的关系,并提出了它们之间协调演进的三个阶段。[28]

彭语冰、董振强和彭峥从和谐发展的角度分析了我国机场与区域经济发展之间的相互关系。[29]

张蕾、陈雯、宋正娜等对南京禄口机场的时间序列数据进行了协整分析,并采用了格兰杰因果检验的方法分析了禄口机场与南京市各个区之间的经济增长的关系。他们还预测,随着禄口机场规模的扩大,其将带动整个南京市经济的增长。[30]

陈共荣、刘志仁研究了机场对地方经济发展的梯层贡献的问题,他们把这种梯层分为四级,第一级为直接贡献(主要表现为机场建设为地方相关产业所带来的质量、规模等多方面的增长),第二级为次生贡献(主要表现为机场能够增加就业和地方收入等方面),第三级为乘数贡献(主要表现为机场能够吸引新型工业和商业的聚集),最后一级为永久性贡献(主要表现在机场对地方经济发展所带来的潜移默化的影响如提高企业吸收外资的能力、产生集聚经济、加速企业高级职能的发挥等)。[31]

王剑雨认为机场的社会经济效益需要通过与其他产业的联系才能产生。他将机场的经济效益分成两类:直接经济效益、间接经济效益,并以深圳机场为对象进行了实证分析和经济效益的评价。[32]

孙淑芬采用了 AHP-模糊综合评价模型对天津机场的社会经济效益进行了评价。[33]

宋伟和杨卡认为航空枢纽对地方的经济的影响作用主要表现在原生效应和次生效应两个方面。[34]

柏景岚和马宁认为机场的建设会促进经济增长方式的转变,提高地方经济的竞争力。[35]

刘雪妮和钟山利用投入产出表对我国 11 个大中型机场的社会经济效益进行了实证分析,最后得出四条结论:第一,机场的公益性和基础性在机场评价中不容忽视;第二,中小型机场对地区经济的带动作用十分显著;第三,大型机场辐射力可超越省级边界;第四,机场业能够优化地区产业结构。[36]

曹允春研究了中枢机场对区域经济发展的促进作用,除了学术界经常谈论的产业结构升级等促进作用外,他还认为中枢机场是塑造城市形象的"窗口",是扩大信息交流的纽带。[37]

从以上文献的梳理可以看出,学者们对于机场对地方经济的促进作用都是持以肯定的态度,认为机场对地方经济的发展起到了重要的作用,是地方经济乃至周围区域发展中不容忽视的因素。

2.2 我国机场的市场结构

在国内关于机场的研究中,对机场的整个市场结构进行分析的文章数量并不多,而多数的文章都是从机场单一的竞争或是垄断的角度进行分析的。对机场整个市场结构进行分析的文章又主要集中在定性分析的基础上,定量分析的文章甚是缺乏。下面总结一下关于我国机场市场结构的文献。

陆东从市场集中度和市场占有率角度分析了我国民航市场结构特征,认为我国国内航空运输市场为寡头市场。然而,随着市场进一步开放,竞争日趋激烈。作者通过进一步分析认为,对航空运输企业而言,在其主营成本不能在短期降低的情况下,通过深化价格差异化、完善价格均衡、细化航线需求弹性及拓展代码共享航空运输企业间的价格转移方式等一系列措施,可以优化企业定价策略。[38]

于嘉从优势航空公司对枢纽机场的控制及消费者网络外部性两个角度,为民航业市场结构形成原因提供了新的注解,对于民航市场行为,尤其是价格行为,以及与此相关的航空联盟和常旅客计划相关的内容也进行了相应的探讨。[39]

罗奕钦认为,当前我国的民航业市场结构应当是一个处于行政管理与市场竞争之间的状态。他以此从垄断和竞争两种市场结构下分析了机场的特征。其中机场的垄断特征包括三个方面:一是具有自然垄断的态势,建设机场需要投入巨额的资本,且沉没成本很高。二是地域垄断态势明显,一般一个区域不会出现两个具有竞争关系的机场,即使存在两个机场也会由于它们的管理机构相同而不存在竞争。三是行政垄断态势明显,作者举了我国的民航管理局的行政管理模式,并认为在这样的情况下,机场及其他民航企业所拥有的自主权较小。[40]

余英通过研究美国政府在放松对航空公司的经济管制后其他国家政府对其的效仿行为,认为对航空公司管制的放松已经影响到国际航空市场,并且在航空市场中形成了"开放天空"的趋势,这种趋势会迫使机场管理层面对竞争的压力,而竞争又会迫使机场做出变革,变革的结果便是促使机场成了一个复杂的经济实体,机场产业也随之形成。此外她还从机场的经济特点入手分析了机场的市场势力情况,仍然是分为垄断和竞争两种情况来讨论,其中机场的市场势力来源于机场的土地等要素投入和范围经济这两个方面,机场的竞争来源于相邻机场的替代性服务。然而作者还认为大多数机场的非航空业务不存在市场势力。最后,作者提出自己的观点:放松航空公司管制后机场不会滥用市场势力。[41]

刘伟分析了我国民航业的纵向市场结构。他认为我国的民航业(按刘伟的意思应当是航空公司市场)上游存在的垄断企业较多,而西方发达国家却很少。他还论述说西方国家的飞机制造业属于寡头垄断的市场结构,而航空油料、飞机维修市场却存在着非常激烈的竞争,并认为对于航空公司来说真正垄断的上游企业只有机场。与之不同,我国的航空器材、机场、航空油料市场基本上都是由一家公司垄断。[42]

李璟宏和宗苏宁研究了我国机场市场集中度以及该集中度的发展趋势。他们对于集中度的测量指标选用了旅客吞吐量和货邮吞吐量这两个方面,时间跨度为 1987—2005 年。通过他们的实证分析最后得出结论:我国机场的旅客市场集中度与货邮市场集中度发展并不一致,其中旅客市场集中度正在逐步下降,而货邮市场集中度却还处于较高的集中状态。这些情况都表明了我国机场在旅客市场中的竞争程度正逐步加剧,机场的资源配置能力正趋于合理,但是我国货邮市场的竞争性却还不够强。但是作者预计,随着机场业改革的逐步深入,尤其是近年来电子商务的发展,国内物流市场的进一步活跃,货邮市场的竞争将会得到强化,随之也将会带来货邮市场集中度的降低。[43]

蔡丹捷用旅客吞吐量作为指标计算了 1999 年至 2007 年的我国机场 CR_4 和 CR_8 的值,得出结果是:按照贝恩的分法,我国的机场业的市场结构应属于中度集中。其还分析了机场业的进入壁垒,包括规模经济和产品差异化两个方面。[44]

王倜傥在对机场市场结构的研究中认为机场具有局部有限垄断和竞争的特性,我们不应当因机场的局部有限性而忽略机场的竞争特性,也不应当因强调了机场的竞争而忽略了其竞争的区域性。此外,他将机场的竞争性的表现归纳成了三种形态:交叉市场、中间市场和中转市场,它们的图形描述如图 2-1 至图 2-3 所示。[45]

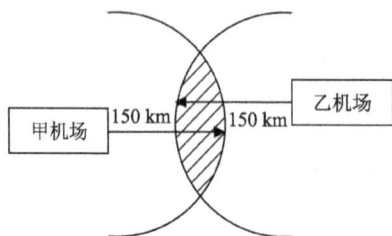

图 2-1　交叉市场形态

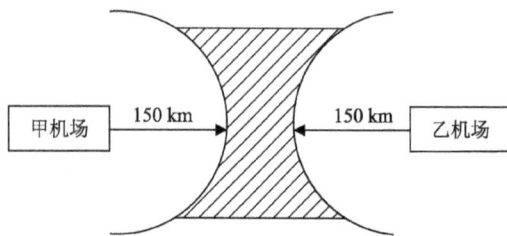

图 2-2　中间市场形态

以上关于我国机场市场结构的文章中对我国机场的不同区域或不同时期的市场结构做出明确的分析定位的文章不多,他们的论述主要都是从机场的垄断型和竞争性两个方面分别进行的。以下是研究者从机场单一的竞争性或垄断性的角度进行分析的文章综述。

林中涛研究了机场的竞争特点。他认为机场只具有局部的垄断性,并以汕头机场

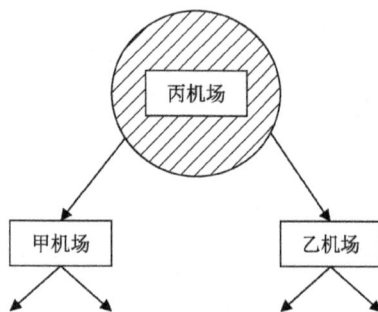

图 2-3　中转市场形态

从 1995 年的 196 万人次的旅客吞吐量到 2003 年的 69.2 万人次再到 2006 年的 98 万人次的跌涨变化为案例说明机场周围如厦门和深圳等机场对其的竞争。作者进一步指出机场对其所处的市场势力的分析和认识会直接关系到其的战略定位。[46]

刘剑认为由于机场私有化和多种经营的发展,机场将更多地被引入市场机制,从而直接参与到市场竞争中去。他还运用了波特五力模型详细分析了内蒙古自治区机场的竞争状况。[47]

黄佳和张宁研究了邻近机场之间关于客流的竞争。他们认为由于民航业具有自然垄断的特性,因此放松管制并不能使航空市场价格降低,相反还会造成因过度进入而产生的恶性竞争;产生这种自然垄断特性的原因在于规模经济效应;规模经济又是通过航空公司传递到机场的。[48]

杨秀云分析了我国机场的竞争优势的空间分布情况,并得出结论:我国机场业经过 20 多年的高速发展使得整体竞争力得以提高,但机场竞争优势的空间分布却并不均衡,呈现出东高西低的态势。[49]

陈林运用因子分析法对上海、广州、桂林、南京等 10 个机场的竞争力进行定量研究。其中所选取的指标包括网络连通性、服务质量、运营规模指标等共9 项,最后经过计算提取了三个指标分别被命名为机场运营规模、机场盈利能力和机场安全保障系数。这三项指标中桂林机场均无第一,综合竞争力处于中等水平。作者分析了这一结果的原因并提出了提升桂林机场综合竞争力的对策。[50]

陈雪研究了机场企业核心能力的评价及提升策略。她从机场企业的"无形资源"角度出发构建了机场核心能力的评价体系,并利用这种核心能力评价体系对我国沿海地区三大民航机场企业的核心能力进行了评价,同时找出了他们核心能力的优势和不足。[51]

周培坤在其文章中分析了机场垄断的局部有限性,认为机场与其他运输方式之间以及机场与机场之间都存在着为争夺消费者而开展的竞争。[52]

2.3 我国机场的管理实践

以下是关于我国机场管理方面的文献,他们都是从传统的单边市场的角度考察机场的管理问题。下面做这一方面的文献综述。

秦鹏、李汝义研究了我国西部"西三角"地区大型机场的战略联盟的形成动因、运作态势和制度条件,并指出机场在结成战略联盟后,应通过加大非航空业务的合作从根本上稳固战略联盟;同时应积极探索在航空业务方面的合作。[53]

吉向东探讨了以大数据、云计算、移动互联网、物联网和人工智能等先进信息化技术为支撑,具备动态布控、电子巡更、智慧航显、精准找人、入侵报警等功能的大数据智能机场管理平台的设计。[54]

朱海瀛以 W 机场为例,从成本领先、差异化成本战略、成本战略整合、信息化建设四方面着手,对战略成本体系在机场公司中的构建实施进行了探索。[55]

吴佩发现智慧机场的大数据管理在机场商业应用中效果较为显著,其为机场商业发展提供技术支撑文章,并围绕智慧机场大数据管理在机场商业中的应用现状进行阐述,分析在机场商业发展应用过程中的思想体系以及应用方式,坚持实事求是基本原则,旨在为日后研究工作的顺利进行奠定基础。[56]

胡小波研究了首都机场的枢纽战略,他认为民航市场资源具有不可共享性,谁能在竞争中获取胜利,谁就能得到丰厚的市场资源,从而得以生存和发展。我国的枢纽机场正面临东京、大阪、仁川等机场的强烈竞争,因此我国的航空枢纽建设具有紧迫性,而首都机场集团是我国最大的空中交通门户也是全球航线网络的重要节点,并且机场具备首要门户机场的功能,机场应按照规划采取配合基地航空公司建设国际航空枢纽、完善国内航空枢纽功能、提高综合保障能力等措施来实施首都机场枢纽战略。[57]

褚衍昌研究了我国机场的运营效率。他通过对机场业特征的研究制定了评价机场运营效率的方法并建立了相应的指标体系;然后依据其所收集到的数据,对我国枢纽机场及对其有竞争威胁的亚太地区的其他机场进行了效率评价;最后分析了影响我国机场运营效率的主要因素,并给出了改善途径和对策。[58]

徐淑媛研究了昆明机场的管理模式。她通过对国内外机场的管理模式的对比并结合昆明机场的实际情况分析出昆明机场的定位,并以此探讨了昆明机场的管理模式和管理战略。[59]

张永莉、张晓全研究了机场民营化的情况。她们介绍世界机场的民营化的情况,并认为我国机场民营化具有重要的意义,还对我国机场民营化改革所面临的主要问题进行了讨论。[60]

杨坤研究了漠河机场的发展战略。他采用了 PEST 分析、波特五力竞争模型等方法对漠河机场进行了系统的分析并提出了漠河机场的战略定位及战略实施要点。[61]

王佳研究了四川省机场集团的发展战略,她通过对该机场集团的内外部环境的分析和评价,得出了该集团的战略规划,并提出了战略的实施和控制措施。[62]

郭睿君研究了我国机场管理的改革问题,探讨了我国机场企业化过程中所面临的困难及解决方案。[63]

李兰冰研究了我国机场的效率问题。他利用 DEA 的分析方法分析了我国 30 家国际机场的经营效率。得出结论:这 30 家国际机场总体上生产效率偏低;导致这一情况的原因是纯技术效率低下;各地区机场生产效率不平衡,东部最高,其次是西部、中部,最后是东北。[64]

任新惠、赵晶在李兰冰研究结果的基础上,从产权制度的角度分析了造成这一结果的原因,并从政府引导、产权结构变革和立法三个方面提出了改善我国机场运营效率的政策建议。[65]

徐晓东、禄建恒研究了我国机场的综合发展战略。他们从我国机场发展存在的问题入手,通过对公益性机场和收益性机场两种不同性质机场的定位辨析,并在机场属地化改革的背景下,提出了我国机场的综合发展战略。此外,他们还指出了我国机场的综合发展战略措施,即:积极发展特许经营、建设空港城,发展临空经济、整合区域资源,促进机场与旅游经济协同发展。[66]

唐琼沅、张明玉、吴桂先研究了我国机场业属地化后的管理模式选择。他们首先介绍了目前国际上对民航机场的三类定性,并将其归纳为四种类型;然后从国家和单个机场两个层面分析了管理模式的选择问题及方法。[67]

张越、胡华清在区域机场整合的思维下研究了机场业的发展战略和趋势。作者通过对全球区域机场和我国长三角地区的机场发展现状的论述得出了对机场间实施整合的认识,并指出了机场间实施整合的必要性及带来的效益,最后他们还分析了目前机场间整合所遇到的主要挑战及应对策略。[68]

杨秀云、姚树洁研究了我国机场业发展的决定因素。他们采用了扩展生产函数对决定机场发展的因素进行了实证分析,得出结论分长期和短期两种不同的情况:长期中对外开放程度、地区经济增长、人口密度和产业结构与机场发展呈正相关,地面运输则与机场发展呈负相关;短期中地面运输是促进机场发展的正向因素。[69]

杨秀云、卓少杰、王新安研究了我国机场业进行管制改革的有效性问题。

他们通过对国内外机场业经营环境变化的分析,认为我国政府应改革对机场业的管制,扩大机场业的竞争,这样才能提高机场产业整体的绩效和消费者的效用。此外,他们通过对 20 多年机场管制改革的数据分析得出结论:机场改革实现了经济性管制的管理转变、改善了机场产业的市场结构和市场绩效。[70]

总的来说,关于我国机场管理的文献涉及很多方面,如机场的发展战略、管理模式、绩效考察、产权制度等,但是却没有文献涉及平台经济。一方面可能是由于平台经济是近几年来刚刚兴起的,另一方面也可能是平台或机场相关研究的学者对平台这一应用领域的忽视。

2.4 平台经济

在产业组织理论的一个分支网络经济学、信息经济学、双边市场理论等的基础上,诞生了一门新兴的边缘学科:平台经济学。它是以广大的平台产业作为其研究对象。我们现实生活中存在很多平台产业,如:大型超市行业、电信业、银行卡业等。对平台的研究一般会涉及双边市场模式,双边市场的用户在平台中互动,且这种互动受到特定的网络外部性的影响。对于平台的研究始于2000 年左右美国的一场关于美国、欧洲和澳洲的国际银行卡网络反垄断案件的学术争论。之后关于平台经济的研究逐渐在学术界展开。[71]

这其中,最具影响的是法国图卢兹大学产业经济研究所的经济学家 Jean-Charles Rochet 和 Jean Tirole 在"双边市场经济学"大会上合作发表的论文"Two-sided Markets:An Overview"。如今,平台经济的研究主要集中于以下几个方面:[72]

2.4.1 "鸡蛋相生"问题

由于平台产业的特性,平台两边市场的用户之间相互构成需求,一边用户需求的降低(结束)将引起另一边需求的减少(消失)。这就产生了一个两边市场孰轻孰重、孰先孰后的问题,尤其是对于平台产业的新进入者而言。Gawer

和 Cusumano 对该问题进行过深入研究,他们认为平台厂商应当为平台一边的客户提供低价甚至倒贴的服务,来增加平台一方用户的积极性,从而吸引另一方用户的加入,这样将有助于解决"鸡蛋相生"的问题。[73]Caillaud 和 Jullien 将其称为"各个击破"策略。他们认为平台通过这种模式能够为平台内的市场吸引或是培育用户,从而推动平台业务的顺利开展。[74]

崔婷等基于双边市场理论对网络借贷平台进行模型研究和实证检验,采用格兰杰因果检验方法对典型网络借贷平台样本进行了实证分析,研究结果发现借款人和出借人之间存在交叉网络外部性,且相比出借人而言,借款人是"鸡蛋相生"问题的关键点。进而,崔婷等构建了关于网络借贷行业的竞争性双边市场模型。[75]

Wang 和 McAndrews 构建了一个重复动态博弈模型,考察了银行卡的定价策略,最后得出结论:市场结构、销售者的收入和使用成本是银行卡定价的重要影响因素;他们构建的模型能为短期内解决"鸡蛋相生"问题提供参考。[76]

Evans、Schmalensee 认为平台厂商采取倾斜的定价策略往往是由于一边用户有很强的网络外部性,该边用户的规模和数量的增加能够增加另一边用户的效用,其目的是为了解决"鸡蛋相生"问题。[77]同样,刘娜通过对搜索引擎市场的研究也得到类似的结论,她还指出这种倾斜的定价策略不属于掠夺性定价,政府不应当对该平台的倾斜定价进行规制。[78]

王冠桥在他的毕业论文中讨论了平台企业处理"鸡蛋相生"的方法,他指出,除了平台商对一方或多方用户免费以吸引用户来达到临界用户规模以外,有些平台还会采取纵向一体化战略,通过自行提供一边市场用户,来吸引另一边市场用户的加入,待到平台拥有足够的双边用户数量规模后,再由传统市场转为双边市场。[79]

2.4.2 网络外部性的问题

作为平台经济的基础,网络外部性的问题一直备受学者关注。这其中具有影响力的研究是 Katz 和 Shapiro 关于直接网络外部性和间接网络外部性的区分[80]以及以 Armstrong 等为代表的,从交叉网络外部性的角度对双边市场的界定与研究。[81]

Anderson、Coate 研究了具有负网络外部性的电视媒体行业,他们认为电视媒体行业的负网络外部性体现在广告方面,并得出结论:在电视媒体行业,垄断性的市场结构比竞争性的市场结构能够产生更多的社会剩余。[82]

李永立等从众筹模式的特征分析出发,以其网络外部性特征和完全垄断的市场结构为切入点,建立了众筹平台网络外部性的价值度量模型。以考虑宏微观网络外部性的消费者效用函数和众筹发起人的收益函数为基础,在差异化定价策略、非差异化定价策略和无网络外部性基础模型的三种情形下,应用两阶段博弈模型分别求解众筹发起人的最优价格向量、参与者的最优申购量和众筹发起人的最优收益水平,进而通过比较在不同策略下众筹发起人最优收益的差异,得出众筹平台网络外部性的策略价值和内在价值。[83]

张花妮研究了第三方支付平台的网络外部性特征,她认为这种网络外部性包括交叉网络外部性和自网络外部性两个方面,其中交叉网络外部性一般为正,自网络外部性一般为负。[84]

梁静、余丽伟研究了技术价值与网络外部性的关系,他们指出由于网络外部性的存在,技术价值可分为两部分:一部分是与网络相独立的技术本身所具有的价值,称为独立价值;另一部分是消费者使用同一种技术时由网络外部性而产生的价值,称为网络外部价值。[85]

2.4.3 多属行为

由于替代性或非关联性平台的存在,至少一方市场的用户可能会参与多个平台。Kaiser 和 Wright 在对 1972—2003 年间德国杂志行业的实证研究就发现,德国杂志的用户中约 8% 的读者和 17% 的广告商是多归属的。[86]因此多属行为是平台经济中的一种普遍而又值得研究的领域。在多属行为的双边市场的研究中,最初的研究都是假设用户具有单一的结构,即要么完全单归属,要么完全多归属,这些研究结论与现实有一定的差距,之后 Poolsombat 和 Vernasca 则把研究放在了部分多归属上,并得出了"低网络偏好型"的用户一般选择单归属,而"高网络偏好型"的用户则比较倾向于采用多归属策略的结论。[87]

Hermalin、Katz 的研究支持了平台用户的归属选择是由平台竞争结构的内生性决定的这一结论。[88]

Roson 分析了平台的网络外部性和消费者的选择偏好,并在此基础上研究了信用卡行业的竞争和多属问题。[89]

Gabszewicz、Wauthy 研究了平台用户部分多属的情况,即平台两边用户,一边单归属,一边多归属。得出结论:两平台竞争的结果是能够达到竞争均衡,且利润大于零,他们认为这种均衡情况类似于厂商的合谋。[90]

尹龙发现,当平台用户采取多属策略时,平台会对其收取高价格,且该价格会随着多属用户数量的增加而提高,因此平台厂商往往不会用排他性策略来限制平台用户的多属行为。[91]

刘赫等结合 P2P 网贷平台的特点,建立了一个基于双边市场定价理论的两阶段动态博弈模型,发现在二部制收费和只收会员费的两种不同盈利模式下,网络外部性均会使多归属 P2P 平台的利润降低。[92]

然而,在平台产业的经营活动中,平台用户的归属情况却并不是统一的,有的用户的归属策略是单归属,而有的则选择多归属,即他们平台用户的归属情况是部分多归属的。纪汉霖研究了用户在部分多归属条件下的平台商的定价策略,他在竞争的市场结构下研究了有差异的平台的用户部分多归属情况下的平台定价策略,最后得出结论:用户部分多归属会降低平台的定价和利润。[93]

赵燕飞、王勇用 Hotelling 模型刻画了均为买方提供增值服务且卖方用户部分多归属的具有差异性的双寡头竞争双边平台,研究发现:平台对双边用户的最优定价、最优增值服务水平以及最优利润,视对方边际投资成本的大小而定,且最优增值服务水平并不与自身买方效用系数正相关,买方增值服务效用系数大的平台将会获得更多的利润;作者还对卖方用户部分多归属的情况进行分析,发现在卖方用户部分多归属的竞争环境下,买方增值服务效用系数和边际投资成本成为平台对用户收费或者补贴的关键决策因素,且两平台会同收费或同补贴。[94]

高纪平基于 Hotelling 模型建立了一个顾客先后进入平台的双边平台竞争

模型,并研究了顾客部分多归属下不同市场结构的平台的价格策略。发现平台对先进入平台的顾客收取较低的费用且平台的收费与双边顾客归属有关;后进入平台的顾客多归属时平台收费较低;顾客间交叉网络外部性较大时,先进入平台的顾客倾向于单归属;不同市场结构下平台适当的价格策略引导顾客归属对平台发展至关重要。[95]

王小芳、纪汉霖研究了用户部分多归属情况下,平台商的纵向一体化策略。最后得出结论:在买家用户部分多归属且卖家用户与平台纵向分离的情况下,平台对卖家用户收取的注册费始终为正,而对买家用户收取负的价格,此时的平台利润要比互补品企业的利润高。[96]

纪汉霖还运用空间 Hotelling 模型研究了用户部分多归属时平台企业的选址问题。最后得出结论:平台企业可以通过向市场中点移动来提高自身的市场份额。[97]

2.4.4　平台管理模式

刘宗沅、骆温平认为平台企业如何引领合作伙伴从传统合作提升到生态合作关系,是打造平台生态协同的关键。通过总结企业间合作的各种模式、成立条件及治理要素,并对菜鸟网络平台进行案例分析发现:在菜鸟网络与快递企业合作中,各种合作模式并存;合作达到相对稳定的基础是满足某合作模式所需条件及治理要素;模式从传统合作向生态合作演变;合作绩效是合作演变的重要驱动因素。[98]

钟琦、杨雪帆、吴志樵认为平台生态系统价值共创区别于一般的价值共创活动,是由平台企业主导,生态系统各利益相关者通过竞合互动和资源整合而共同创造价值的动态过程。[99]

胡丹丹、曹畅、陈越基于创新生命周期理论以 Bilibili 视频平台为例研究了平台管理模式,将该平台的管理模式总结为:放管结合的"反熵增"平台管理模式。[100]

陈晨在平台经济双边市场的框架下构建了新型的钢铁产品贸易商平台业务模式。[101]

　　龙丽丽认为平台商的网络构建途径和方式有四种:价格手段,指平台倾斜的价格策略;投资手段,指通过培育平台的一边用户来促进整个平台用户数量及交易量的提升;产品差异化手段,就是平台差异化,指平台厂商使自己的产品与其他同类产品之间存在明显的区别,从而能够吸引用户前来;品牌效应手段,这个是对于一些发展较为成熟的平台厂商而言的,指充分利用自身的品牌的影响力,在维系老用户的同时努力吸引更多新的用户。[102]

　　孙龙、季汉霖在双边市场的角度对我国移动互联网生态系统构建策略进行了研究,他们指出我国互联网的发展需要强化运营商的基础地位,同时要积极扶持基础技术的研发,从而构建一个共荣共生的产业内秩序。[103]

　　在平台管理的模式的研究中,最重要的便是平台定价模式的研究,因为企业的定价关系到企业的经营策略、收益、运作等,是企业活动最直接的表现。Evans指出:如果平台企业没有制定出一个正确的价格策略,就不会有产品存在,因此平台商经营所面临的一个首要问题便是选择适当的价格策略,以吸引用户能够加入自己的平台,并在该平台上进行交易。[104]

　　Rochet、Tirole以垄断型市场结构下的银行卡产业为例,分析了平台厂商的定价问题,得出结论:垄断平台商对平台用户所制定的价格与平台内双边用户的需求弹性之间的关系可以通过标准勒纳公式表示。虽然这一结论使得平台定价的表达式更加符合实际的定价模型,但是在他们的模型中却忽略了对交叉网络外部性的考虑。[105]

　　Rochet、Tirole随后又在他们的一篇文章中把平台使用会员费(Membership fee)和使用费(Usage fee)的情况以及交叉网络外部性等信息加入模型中。[106]

　　Schiff研究了在垄断和竞争两种情况下的平台定价策略。他吸收了Rochet和Tirole的研究成果,把会员费和使用费引入自己的模型中,并运用数量模型推导出结果:当平台的两边用户在平台上交易而获得的收益不对称时,平台有对收益较少方收取低费用的倾向。[107]

　　Bolt、Tieman用常替代弹性需求函数研究了澳大利亚银行卡组织,得出结果:平台商制定价格时并不以服务各边用户而产生的成本为依据。[108]

罗钢、黄丽华研究了电子商务平台的平台定价策略。他们将平台的发展划分为两个阶段：双边客户召集阶段和稳定发展阶段。通过对这两个阶段的深入研究，他们指出电子商务交易平台的定价策略应针对不同发展阶段而有所不同。[109]

李锐通过对中介平台的研究发现，在平台收取交易费且价格结构不对称的情况下，即使在位平台商获得零利润，仍然会有新进入者。[110]

陈义国研究了电视媒体的价格策略，他将电视媒体中的广告对观众带来的负面影响称为广告的厌恶成本，并认为这种厌恶成本越高，观众需求减少得越明显；但是厌恶成本并不是唯一影响观众需求的因素，除此之外还有订阅价和订阅费收益等多种因素。[111]

池坤鹏研究了团购网站的定价策略，他针对不同的市场结构和用户归属情况构建了网络团购的定价模型，并分析了团购网站的定价策略。[112]

孙聪在平台经济的分析框架下研究了视频网站的定价策略，得出了视频网站对平台用户的定价策略受到四个因素的影响：平台服务的边际成本、平台用户对广告商的网络外部性、平台用户之间的直接网络外部性和平台用户的需求价格弹性，并指出平台可以根据这四个因素的相互关系调整不同的定价策略。[113]

平台的收费模式一般有三种，即注册费、交易费和两步收费。而平台的定价目的则有两种，平台利润最大化和社会福利最大化。前者适用于一般性的营利企业，后者适用于不以营利为目的的政府单位等。对于营利性的企业，关于平台的定价问题主要集中于对倾斜价格的讨论上。如 Parker 和 Alstyne 指出：平台业务趋于把价格倾斜于市场的某一方，倾斜力度根据它引起的间接网络外部性的量而定，即平台会对能够产生较高外部性的一边制定较低的价格。[114]

Ambrus 和 Rossella 在他们的研究中发现，平台的倾斜定价即使是在平台两边用户信息对称的情况下也会出现。[115]

Bolt、Tieman 等研究了平台商的倾斜定价策略。他们认为在需求弹性不变的情况下，平台商采用倾斜的定价策略可以使平台商获得的利润最大化；倾斜定价的原则是平台的定价与平台用户边的需求弹性呈反比。[116]

然而,徐晋认为目前的理论研究往往非常依赖精炼的假设条件,而且仅仅集中在讨论静态定价的问题上,还未发现对动态定价问题进行的研究。[117]对于非营利性单位的定价问题,Jullien 的研究结果是:福利最大化下的平台定价通常不能抵偿成本。[118]

2.4.5 市场势力及规制问题

最初关于平台经济的讨论正是源于对银行卡行业市场势力的争论,因此市场势力也是平台经济研究中的重点问题之一。由于平台经济特殊的定价策略,很容易使得缺乏对双边市场性质认识的人把平台厂商的倾斜价格误认为倾销,把捆绑销售误认为会引起垄断。对此一些学者从平台经济的运行机制等方面进行了解释,如 Wright 指出:因为需要涉及市场的双边,所以定价高于边际成本或平均成本并不是市场力量的表现,低于成本也不是掠夺行为的表现,上述两者兼有也不能解释为交叉补贴。[119]

纪汉霖分析了不同的市场结构及定价方式下平台的利润和社会福利问题,得出了如下结论:在双边市场中,平台商倾斜的定价行为是普遍且理性的,这并不是掠夺性定价。[120]

Kind、Marko、Guttorm 研究了双边市场的效率问题,他们得出结论:与垄断势力相比,社会福利最大化可能会降低平台商生产的产品数量;对平台征收增值税或进行补贴同样也会降低企业的产出水平。[121]

程贵孙、陈宏民和孙武军在总结了前人研究成果的基础上,对比分析了垄断定价、交叉补贴以及捆绑销售等几个方面的企业行为,得出结论:传统的反垄断产业规制理论并不适合于新兴的具有双边市场特征的平台企业。[122]

单姗、曲创认为在反垄断实践中提价能力是判定厂商是否具有市场势力的重要指标,双边市场中非对称的价格结构使得平台厂商的提价行为更加多样,且交叉网络外部性使得提价能力的影响因素更为复杂。他们基于交叉网络外部性引致的"锁定效应"和"迁移效应",构建理论模型论证了单纯使用提价能力会误判平台厂商的市场势力,应重新审视"可维持高市场份额"这一标准对于判定平台厂商市场势力的重要性,并以美国银行卡组织为例对平台厂商的市场势力进行了实际测算。[123]

郑小碧认为平台型市场势力对贸易市场竞争结构已经并将继续产生深远而重大影响,平台型市场势力已成为决定政府选择贸易政策改革方案的关键因素。在平台型市场势力足够强大并不断增强的背景下,区别于传统改革路径,政府先在欠发达地区启动和实施贸易便利化改革是一种理想路径选择,合理规制平台型市场势力和实现有序竞争有利于避免贸易改革陷入消极均衡陷阱。[124]

胥莉、陈宏民运用 Hotelling 模型考察了网络外部性对双寡头垄断平台定价的影响情况,得出结论:如果不存在网络外部性,那么平台可以选择单一定价或者倾斜定价(歧视定价);如果存在网络外部性,那么平台采用倾斜的定价策略要比采用单一的定价策略更具有成本优势。[125]

Katsamakas、Bakos 研究了电子商务平台,他们发现平台对双边用户的定价策略会随两边用户所获得的交叉网络效用的不同而产生倾斜,且如果一边的用户在平台上交易所获得的网络效用较小时,平台会对该用户免费。[126]

程贵孙利用双边市场的理论研究了传媒产业的竞争规制,他得出结论:即使对传媒产业放松管制也并不一定能够增加市场绩效和社会福利,因此政府仍要对传媒产业进行适度的管制。[127]

Schwartz、Vincent 研究了垄断市场下发卡市场和收单市场的情况,得出结论:重复加价的行为会出现;单边市场中的反额外收费规则在双边市场中运用将会降低消费者剩余和社会福利。[128]

冯振华、刘涛雄探究了平台垄断在网络外部性条件下的特征,并与传统垄断中的无效垄断相比较,揭示了双边市场垄断与自然垄断的本质差异,并基于市场势力与利润福利,分别从静态与动态视角,运用一般单一与简化两阶段模型区分两类投资成本,进而明确了正常利润与超额利润的来源途径、形成条件,并据此指出相应的平台规制策略。[129]

周正的研究表明互联互通的跨平台交易比横向差异寡头所带来的社会福利大。[130]

宫志龙研究了 IM（即时通信）产业的反垄断情况，认为处理"政府－企业－消费者"之间的关系是反垄断的主要问题，并指出了政府在防范市场失灵的同时也要防范自身的失灵。[131]

黄杰认为在平台产业中，考察反垄断法对垄断协议的适用性时，应当依据合理原则并综合考虑平台产业自身的特性；在考察平台的掠夺或搭售行为时，应当关注于平台的所有边，从整体上考察这些行为的合理性；在竞争的市场结构下，平台厂商的经营者集中行为并不会引起平台价格的大幅度变化，因此从价格的角度来说，平台厂商的市场势力不会损害平台用户的利益。[132]

2.5 本章小结

通过对上面文献的回顾可知：机场作为"国家和地区经济增长的发动机"已经在地方经济的发展中占有举足轻重的位置，而如今机场正面临越来越多的竞争，提高机场的管理水平对机场乃至机场所在地的经济发展都有着重要的意义。怎样提高机场的管理水平则一直是学术界热议的话题。从发展门户机场、机场间实施整合、机场战略联盟到建设空港城、发展临空经济，机场的各种管理思路百花绽放，但是这些管理理论几乎都是建立在传统的单边市场的经济理论基础之上的，缺少以平台经济理论为指导的文章。

关于机场产业方面的文献鲜有文章会专门针对机场的航空产业，而是往往会涉及机场相关的其他产业，如临空高科技产业、物流业、零售业、金融业、房地产业等。这些产业相对于机场的主业即航空业来说属于从属地位，因为没有航空主业，这些行业也不会存在，但是这些行业对机场的收益却存在重要的贡献，因此很多文献研究了这些产业，并把其称为非航空产业。

由于机场属地化浪潮后，机场经营管理体制的变化，已有诸多学者将国内的机场放在一起视为一个机场市场，并研究该市场的产业结构。然而学者们的观点结论却并不统一，有些人认为机场是一个垄断性的市场，有些人认为现在的机场市场已充满竞争，也有些人把它折中了一下，既承认机场的垄断特性又承认机场正面临着竞争。有些文献对这一情况进行了定性的分析,也有人统计了数据并进行了定量的研究,但是这些定性分析的文献由于没有数据的支撑可能说服力较为欠缺,而定量的研究其发表的时间较早,没有把握最新的动态。

关于平台经济的研究,本章总结为"鸡蛋相生"问题、网络外部性问题、多属行为问题、平台管理模式问题和市场势力及规制问题这五个方面。关于平台经济的研究领域包含了超市、银行卡、网络中介、报纸杂志、电视媒体等行业,但是这其中却没有学者去研究机场行业。基于以上对文献的梳理及分析,本书选择了以平台经济为基础,对机场管理中的定价问题进行研究,并从中获得机场管理方面的启示。

3 我国机场的市场结构分析

对于机场管理者而言,在开始制定价格策略之前,首先需要确定的就是:是否存在生产活动的其他相关者,他们与自己在市场中存在什么样的关系,以及自己和他们在市场中处于什么样的地位。用经济学的术语表示就是,首先需要确定自己所处的市场结构的状况。另一方面,机场又是一个特殊的行业,其与一般的市场相比存在着许多独特的性质。因此,在分析我国机场的市场结构之前,还需要分析机场以及我国机场的特性。下面便按照以上逻辑进行本章的论述。

3.1 市场及市场结构的相关概念

对于市场,消费者的衣食住行等几乎一切的活动都直接或间接地与市场有联系。其生活生产所需的各种商品、各种服务,都必须通过商品的买卖、劳务的交换等活动才能实现。企业更是如此,必须在市场上进行物质、劳务、信息等方面的交换。市场不仅是企业运作的空间、生产经营活动的起点和终点,而且还是企业竞争的舞台、生产经营成功与否的检验者和评判者。

市场结构是指市场经济活动各个组成部分之间的构成及其相互关系,反映了市场性质和组织特征。市场作为经济运行的载体,其基本功能寓于市场结构之中。市场结构在不同的空间维度中呈现不同的形态,在不同的时间维度中呈现出不同的状态。按照乔安·罗宾逊在《不完全竞争经济学》中的定义可将市场结构分为四种基本类型:完全竞争、完全垄断、垄断竞争和寡头垄断。[133]

1. 完全竞争

这是一种理想状态的市场结构,不存在任何引起市场势力的因素。它具有以下四个的特点：①产品同质，即市场内的产品几乎是同质的无差异产品，而且这些产品之间可以完全可替代。②不存在任何进入与退出的壁垒，这就是说新进入者进入该市场或在位企业退出该市场都是完全自由的。③产业集中度很低，这就说市场上存在众多的买者和卖者，且没有一个买者或卖者能够显著地对市场价格进行影响，因此他们只能是价格的接受者。④完备信息，即市场上的所有买者和卖者都能够掌握与交易有关的所有信息。

2. 完全垄断

完全垄断在现实的经济生活中是一种非常罕见的市场结构，即市场上仅有一个买者或卖者，因此它的情况与完全竞争相对立。由于市场上仅存在一个买者或卖者，因此完全垄断存在两种情况：买方垄断和卖方垄断。然而，经济学中常常只分析卖方垄断的情况。完全垄断的市场结构具有以下三个特点：①产业集中度达到了极限，即 100%，因为市场上仅存在一个产品的卖家。②无替代品，即市场上不存在哪种商品能够直接替代该企业所生产的产品。③进入壁垒非常高，这里的进入壁垒主要指技术性壁垒、资本壁垒以及一些行政性壁垒等。

3. 垄断竞争

垄断竞争的市场结构介于上述两种市场结构之间，是较为接近我们现实中的经济状况的。其主要特点有以下三点：①产业集中度较低，即在市场中存在较多的企业，而每个企业的市场占有率都比较低，因此都不具有市场势力。②产品有差别，即市场中的产品存在差异性，这种差异性使得企业能够享有一定的自主定价权，因此企业所具有的垄断势力的大小与其产品所具有差异性相关。③进入和退出壁垒较低，因此新进入者和在位企业能够比较容易地进出市场。

4. 寡头垄断

寡头垄断的市场结构也是介于完全竞争和完全垄断之间的，是一种在现实经济生活中较为普遍的市场结构形式。在这样的市场中，仅有少数的大企业实际控制了市场中大部分产品的供给。因此它不同于垄断竞争，因为它是以垄断因素为主而兼有竞争因素的一种市场结构。它的主要特点有以下三点：①产业集中度高，因为市场已被少数大企业控制，它们的产品在市场中占据了很高的比例。②产品基本同质或差别较大,基本同质是指:几个寡头所提供的产品没有太大的差别,他们之间相互依存度很高;差别较大是指:寡头所提供的产品存在较大差别,彼此之间相关度较低。③进入、退出壁垒较高,即新进入者很难与市场上的在位者相抗衡,同时,在位企业也很难退出该市场。这主要是由于产品的生产规模、投入资本量都相对较大。

3.2 机场的经济特征

机场作为衔接民航运输市场供需之间的纽带是民航运输市场体系的重要组成部分。但长期以来,机场的市场地位界定不甚清晰,机场在市场经济活动中相对被动,这往往会使得政府的监管、机场的投资建设和经营管理等会出现偏差。随着机场属地化和航空运输市场的不断成熟,对机场的经营管理提出了更高的要求。因此,明确机场的市场定位、正确认识机场的经济特征,是现代机场管理的必要前提,对加强民航业的政府监管和提高机场的经营效益,都具有重要的现实意义。

3.2.1 机场的公共性

由于机场属于基础设施领域,因而它具有自然垄断的特点。其次,它所提供的服务产品是准公共产品,由此决定了机场具有垄断性、规模经济性和公益性的特性。其中,机场的公益性主要表现在机场是城市重要的基础设施,是城市流动人口聚集的区域,被看作为城市的窗口,其服务的好坏体现了城市的整体形象。由于机场具有吸引外来资源并通过航空运输的高时效性优化资源结构的能力,因此机场能够促进本地临空产业的发展;机场的规模经济性主要表现在机场前期建设的投资是巨大的,是一个资本密集型行业。一般情况下,建设一个小型的航站大约需要3~4亿元的资金,而建一个中型航站楼则需要近十几亿元的投入。以首都国际机场为例,一个新航站楼及其配套设施工程的投入就多达100多亿元。然而,虽然前期的投入成本巨大,但随着机场的建成及业务量的增加,机场总成本增加很少,而单位收益逐步提高,规模经济逐渐显现。机场的自然垄断性主要表现在以下三个方面:①机场准入"门槛"高。由于机场要为航空运输提供必要的场地,因此机场的建设必须占用大量土地资源,其次为了保证飞机的安全,需要具备很高的专业技术;另外,机场的运营会产生许多噪声污染,导致机场大多远离市区,因此,机场必须自行配套所有的基础设施。②由于机场关系到国家的安全,因此机场所提供的服务必须稳定、安全、可靠。③为了节约土地资源,提高资源的配置效率,一般在一定区域内不允许存在多个机场。

3.2.2 机场的企业特性

与其他经营性的企业一样,机场需要集合生产要素进行生产,为顾客提供相关服务,存在获得利润的动机,并据此承担相应的市场风险。同时,由于规模效应的存在,当机场的业务量达到一定规模时,机场可以实现自负盈亏,甚至取得良好的经营效益。另一方面,由于企业逐利的本质,机场管理者需要不断地提高工作效率,这其中会将一些社会成本内部化,因而能够使公共产品的提供更有效率。

虽然机场具有企业特征,但是它却是一个特殊的企业,这一点表现在机场必须接受政府的管制。机场所接受的政府管制体现在如下两个方面:①机场是一个兼具公益性和商业性的企业。公益性的目标使得机场不能仅将利润最大化作为机场的唯一目标,当公益性和商业性的目标出现冲突时,机场必须寻求一个合理的平衡点。而这个平衡点往往需要政府为机场提供一定的财政补贴,以便维持机场的正常运营。②机场是国家防空安全的一个重要组成部分,为了维护国家空域的安全,政府必须对机场进行必要的管制。同时,为了保证机场良好的服务环境和竞争环境,政府还需要通过行政和经济手段,对机场市场进行管理,优化资源配置。

机场虽然存在着矛盾的公益性和商业性,但不同的地理位置、机场发展的不同阶段,两属性会有不同的侧重,且可以相互转化。例如:在机场业务量较小的时期,机场广告、餐饮、住宿、停车场等非航空业务还不发达,这时机场的经营往往以公益性为主。随着机场不断地发展,当机场业务量达到一定规模后,非航空业务收入增长迅速,比重也逐步提高,这时的机场商业性特征不断强化,而公益性特征相对减弱,这便完成了公益性向商业性的转化。

3.2.3 机场的产业类型及相互关系

机场经营所涉及的产业可划分为三个部分:基础设施服务、飞机航运配套服务、经营性资源开发项目。它们所包含的具体项目如表 3-1 所示。

表 3-1 机场产业及具体项目

类型	具体项目
基础设施服务	海关、边检等口岸服务设施;交通连接设施:如机场巴士、地铁设施、连接路桥、海上交通设施等;航空安全设施:如安全检查系统、围界、监控系统等,并进行管理;航站区内设施服务:如登机桥、候机厅等;通用服务:如水电供应、航空加油设施、信息通信、货运仓库等
飞机航运配套服务	配餐服务;地勤机务等服务;货物收发及装卸等处理
经营性资源开发项目	餐饮;加油站;机场广告;商铺、办公室租赁;酒店、旅游等休息设施;银行、保险等金融服务

这三个部分的服务项目,是机场重要的经营资源,它们来源于机场对旅客、货主和航空公司业务的开发,因此当机场的顾客(旅客、货主和航空公司)情况发生变化时,机场需要对其经营策略进行调整以适应顾客的需求,从而提高自身的竞争力。具体说来:当机场顾客较少、航班密度、客货流量较小时,机场当局需要对航空公司进行补贴,使航空公司提供必要的运输服务,这时机场往往需要减少甚至放弃对于一些经营性资源的开发,而将精力投放到机场航空性的业务上来;当机场顾客较多,航班密度、客货流量较大时,机场在提供基础设施服务和飞机航运配套服务的同时可以扩展对一些经营性资源的开发,因为这些资源的收益较强,高于前两项服务的收益率,机场通过对经营性资源的开发能够为机场带来数额可观的收入。

3.3 机场的市场特征

在论述机场的市场特征之前,需要弄清几个问题,首先,机场是否存在自己的市场呢? 由于航空运输的对象都是通过承运人即航空公司来进行的,因此使得人们常以为市场的概念仅适用于航空公司,或者干脆认为机场不存在市场问题。这是一个误区,应该看到,航空运输市场的运行必须要有承运人提供运力资源,同时也必须要有机场为航空客货运输行为提供最基本的服务保障平台资源,两者缺一不可。机场在航空运输过程中担当着提供基础服务的重要角色,是有所作为而又与运输对象和承运人发生经济交流的。因此,可以说机场存在着自己的市场。

接下来第二个问题是:机场作为市场,是否符合市场结构的分类? 即机场市场中各种要素之间的内在联系及其特征,能否外化为完全竞争、垄断竞争、寡头垄断和完全垄断这四种基本的市场类型? 这四种市场类型划分的关键是是否存在垄断和竞争以及它们之间的相互比例。现实中的机场是否存在垄断和竞争,如果存在垄断和竞争,那么机场的垄断和竞争又具有哪些特性,下面做具体的分析。

3.3.1 机场的垄断特征

机场的垄断特征是非常常见而且深为人们所熟知的,在前面的机场经济特性章节中已提到并分析了机场具有垄断的经济特性,因此本节着重分析机场垄断的特征。

按照垄断的形成方式可以把垄断分为:竞争性垄断和自然垄断。其中竞争性垄断是指在生产集中和资本集中高度发展的基础上,一个大企业或少数几个大企业对相应部门产品生产和销售的独立或联合控制。这种垄断的形成是在以自由竞争为基本特征的市场环境下,企业凭借自己在经济、技术或管理方面的优势,排挤或吞并其他企业使生产资料、技术人才和产品的生产日益集中于自己手中;自然垄断是指某些商品由于政策、资源、地理等要素的影响形成在特定区域(或市场)内由一家或少数几家企业提供,使这些企业在特定市场内处于支配的地位。机场便属于这一类。同时,由于产品特征及政策导向的差异,自然垄断的垄断程度又存在很大的差别。若就企业对市场的支配能力而言,又可以分为三种形式:完全垄断、局部垄断和局部有限垄断。其中完全垄断表现为企业产品在特定市场区域内不可替代,如水电等生活必需品;局部垄断表现为企业产品是特定市场区域的唯一提供者,但其产品具有一定的可替代性;局部有限垄断表现为行业内外同时存在竞争,仅在特定的市场区域内具有比较稳定的消费群体,其中机场就属于这种垄断形式。机场作为民航运输服务企业,具有自己特定的优势,但同时与其他运输方式之间存在着竞争,如高铁。消费者可以根据自身的需求做出相关的选择。另外机场之间也存在着竞争。而其相对稳定的消费群体则是邻近该机场而又必须选择航空运输的消费者。

机场的局部有限垄断表现在以下三个方面:

(1) 区域性

机场的垄断来源于投资的有限性及政府政策的安排。首先,由于机场属于资金密集型产业,在市场尚未出现巨大需求并且具有足够投资来源时,在一定的区域范围内通常只会建设一个机场,从而为机场的垄断创造了条件。其次,政府可能使机场在某一方面的垄断长期保留下来。出于对资源综合开发利用或投入产出效益的考虑,以及城市总体规划的合理性,在某一区域内政府往往会仅指定某个机场为国际机场或仅开放某部分航线、航权,这也为机场的垄断创造了条件。

然而上述垄断情况会随着区域内经济、政治的变化而发生变化。比如,随着区域内经济的发展,物质、文化水平进一步提高,时间成本在人们的出行中所占有的比例也会不断增加,常规的汽车、火车、轮船等运输方式在许多情况下已不能满足人们的需要,区域内唯一的机场提供的飞行需要不断增加并达到饱和,这时新机场的建设已是众望所归,在这种情况下机场的区域垄断将被打破。又比如,随着改革开放的深入发展,企业的经营已不再是局限于本土,辽阔的海外市场才是企业驰骋的沙场。企业的国际化经营的需求带动了机场国际航线的发展,原先仅有的几家国际机场可能已经不能满足需求的膨胀,在这种情况下,政府制定的国际机场的数量指标将会被修改,原先区域内的国际机场的垄断将会因为政策的改变而瓦解。

(2)市场性

在机场相对垄断的市场区域,并不意味着该市场长期为某机场所拥有,由于价格等因素的影响,原有的垄断市场份额可能会被侵蚀。比如,近年来出现并迅速崛起的LCC(低成本航空公司),LCC一般选择一个城市的次要机场或枢纽机场周边地区的二线、三线机场作为其基地或起降机场。由于价格方面的吸引力,使得枢纽机场所拥有的有限垄断市场份额流向了这些机场,枢纽机场的垄断势力遭到了侵蚀。1998年欧洲的LCC伊西航空公司(Easy jet)进入距离曼彻斯特机场56千米的利物浦约翰·列侬(John Lennon)机场,不久后便给曼彻斯特机场带来巨大的冲击,约翰·列侬机场的年旅客吞吐量从1998年的50万人次增长到2003年的300万人次,旅客数量的巨大增长很大一部分是来源于对曼彻斯特机场的分流。

(3)行业性

飞机作为一种特殊的交通运输方式,在长距离运输中具有相对的优势。通常业界认为300千米以内,汽车运输具有优势;800千米以内,铁路运输具有优势;800千米以外航空运输具有优势。除了距离之外,成本、时间还有舒适度也是乘客出行所考虑的重要因素。众所周知,乘客在机场办理登机手续、候机及抵达目的地机场办理相关手续的时间要比汽车、火车久很多,而且货运更是如此。据有关资料统计,平均而言,航空货运的空中运输时间只占整个运输时间的8%左右,其余的92%的时间却消耗在地面的货物处理过程中。

随着其他运输方式的改善,特别是近几年来高速铁路的发展,对民航运输造成了很大的冲击,具体表现有以下三点:第一,客源方面。传统的铁路运输成本较低,传统的铁路客运是一种大众化的运输方式,满足在中长程运输中相对空运更为低廉运价需求的大众化的旅客,具有独特的优势。但是,由于高速铁路的运营,即时速达到300千米以上机车投入使用后,直接挑战航空快捷性,加之正点率上也更具优势,因此将在其覆盖的所有地区形成与民航全面争夺商务、公务等高端旅客的态势。第二,票价方面。因为航空的运行成本要比铁路的运行成本高,所以高铁的票价要比飞机的便宜,即使航空公司票价再优惠也没办法比高铁的票价低。第三,便捷性方面。曾经有人算过这样一笔账,如果旅客乘飞机外出,从出发到机场至少要半个小时,多则一个小时,因为绝大多数机场都是修建在郊区。然后办理登机牌,过安检,到候机也需要半个小时,这样已花费在路程和手续的时间就是一个多小时,然后登机,往往有些旅客在关舱门的最后一刻才出现,这样正点起飞就比较困难。正常起飞保证不了,飞机就不能保证准时到达目的地。

以上的情况说明,其他交通运输方式尤其是高铁对民航运输造成了分流,同时也削弱机场对特定区域市场的有限垄断地位。

3.3.2 机场的竞争特征

由上一节中对机场的局部有限垄断的分析可知,机场业的竞争萌芽于垄断之中,并随着机场所在区域经济、文化、市场的发展而不断加剧。机场行业中竞争的特征主要表现在以下方面:

(1)地域范围的竞争

通常情况下,一个机场的合理服务半径为 150 千米。随着陆路交通条件的改善,这一半径会有所延伸。具体情况会根据社会、地理、人文条件的不同而不同。假设两机场的服务半径为 150 千米,那么两机场间的距离存在两种情况:第一种情况,如果两机场的间距小于等于 300 千米(比如我国长三角地区,在那里机场密度较为稠密),那么两机场的服务半径就会出现交叉的情况。如图 3-1 所示,在这一个交叉区域内,乘客(图中用三角形表示)会根据自身交通便利的情况,以及机场所提供的服务和价格等做出选择,这便构成了两机场间的竞争。第二种情况,如果两机场的距离大于 300 千米,在两机场服务半径之外的乘客若是离其所在地附近的机场没有通

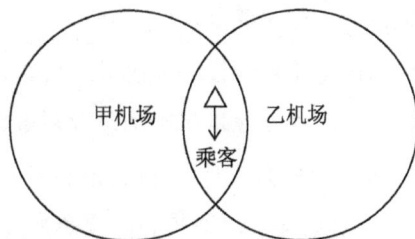

图 3-1　两机场服务半径重合

往其目的地的航线,而同时这两个机场均有这一航线,如图 3-2 所示,那么这两个机场就存在为争夺这一客户而进行的竞争。

（2）中转市场的竞争

由于机场、航线及航班设置的局限性,许多客货运输需求难以通过飞机从两个点对点的机场起降来实现,这时就需要经由第三或更多的机场中转来完成这一运输过程。而从哪一家机场进行中

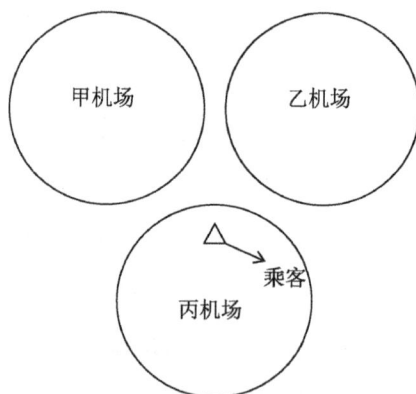

图 3-2　两机场服务半径相离

转便演变成了机场之间为争夺中转市场进行的竞争。另一方面,由于机场所在区域的地域有限性,在机场及其所在地发展到一定阶段后就会出现城市用地紧张,机场发展缺乏空间的问题。而中转市场超越区域的优越性使得机场可以因此扩大市场范围,拓展新的发展空间。因此中转市场也就成了各机场争夺竞争优势的战场。

（3）争取优惠行政政策的竞争

无论是我国还是其他的国家,在民航管理方面仍然存在着较强的行政力量。因为毕竟民航涉及国家的政治、安全等方面的问题,那么争取到优惠的行政政策便成了机场行业竞争的又一特征。这种竞争的现状是相对普遍的,从东部发达地区到中西部欠发达地区,从大型枢纽机场到周围的中小支线机场,他们都各自根据自身的利益试图从国家、地区的行政政策中获得支持。如,上海机场曾与广州、北京机场为争夺第五航权开放政策以扩大客户对象、提升整体地位而进行过竞争,并于 2006 年获得第五航权开放权利[134]。武汉机场为争取成为国家重点建设的地区骨干机场,与同处中部地区的郑州等地机场产生了竞争。而一些支线机场则会争取获得国家政策扶持以改变经营现状,提高经济效益而进行竞争。因此,在目前行政政策对机场发展仍能产生很大影响的情况下,机场行业势必会为获取优势的行政扶持而展开竞争。

3.4 我国机场市场集中度分析

从我国民航管理体制的发展历程中可以看出随着时代的变迁、国家经济的发展、管理体制的变革,我国机场的市场结构也在不断地发生着改变。在传统计划经济体制下,我国的机场行业全部由政府或军队所有并垄断经营,然而长期政企不分的经营模式暴露出了许多问题和弊端。改革开放后,民航体制经历了一系列重大的调整与变革,从中国民航局领导单位的变化到民航企业管理体制的变化;从机场实行属地化管理到机场经营方式的变化,机场改革的每一步都带来了机场竞争的加剧。

由于 1987 年后各类民航企业才真正成为独立核算、自负盈亏的经济实体,加之考虑到数据的可获得性,因此本书以 1987 年为起始点对我国的机场市场集中度进行实证研究。市场集中度的计算以全国各机场(除香港、澳门、台湾机场)的旅客吞吐量为依据,因为旅客是各机场争夺的目标,旅客吞吐量可以反映出机场的市场占有率,结果如表 3-2 所示。

表 3-2 1987—2011 年我国机场市场集中度

年份	CR_4	CR_8	年份	CR_4	CR_8	年份	CR_4	CR_8
1987	0.59	0.72	1996	0.43	0.57	2005	0.37	0.55
1988	0.57	0.71	1997	0.43	0.57	2006	0.36	0.54
1989	0.55	0.68	1998	0.43	0.58	2007	0.35	0.52
1990	0.54	0.68	1999	0.44	0.59	2008	0.35	0.51
1991	0.51	0.65	2000	0.40	0.56	2009	0.33	0.50
1992	0.49	0.63	2001	0.40	0.57	2010	0.33	0.49
1993	0.47	0.61	2002	0.40	0.57	2011	0.32	0.48
1994	0.45	0.59	2003	0.38	0.56			
1995	0.44	0.58	2004	0.38	0.57			

资料来源:《我国机场市场集中度发展趋势分析》[43]、《从统计看民航》[135]。

从表 3-2 可以看出随着时间的推移,我国机场的市场集中度无论是 CR_4 (前 4 位企业市场占有率)还是 CR_8(前 8 位企业市场占有率)都呈现出逐年下降的趋势。为了直观反映这种趋势,将其做成图形,如图 3-3 所示。

1987—2011年我国机场市场集中度变化柱状图

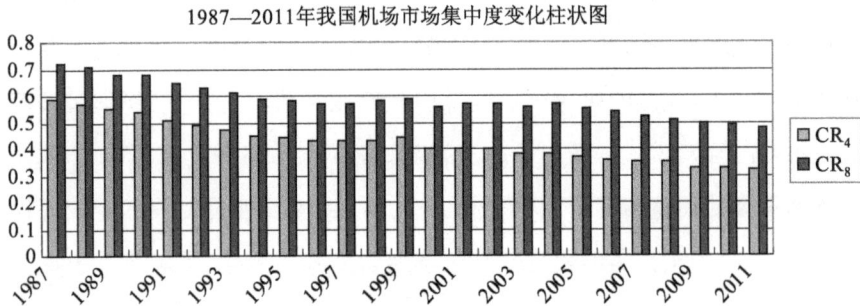

图 3-3　1987—2011 年我国机场市场集中度变化柱状图

其中 CR_4 从 0.59 降到了 0.32,CR_8 从 0.72 降到了 0.48。这种下降的趋势反映出随着我国机场政策的不断变化,我国机场市场的垄断程度已经被逐渐削弱,基本上接近了贝恩所划分的低集中寡占型。贝恩对市场结构类型的划分标准如表 3-2 所示。

表 3-3　贝恩对市场结构类型的划分标准

类型	CR_4	CR_8
极高寡占型	$0.75 \leqslant CR_4$	—
高度集中寡占型	$0.65 \leqslant CR_4 < 0.75$	$0.85 \leqslant CR_8$
中上集中寡占型	$0.50 \leqslant CR_4 < 0.65$	$0.75 \leqslant CR_8 < 0.85$
中下集中寡占型	$0.35 \leqslant CR_4 < 0.50$	$0.45 \leqslant CR_8 < 0.75$
低集中寡占型	$0.30 \leqslant CR_4 < 0.35$	$0.40 \leqslant CR_8 < 0.45$
竞争型	$CR_4 < 0.30$	$CR_8 < 0.40$

若依据表 3-3 的划分标准则可知:1987—1991 年间我国的机场业基本上处于中上集中寡占的类型,寡占的程度较高,市场的竞争强度较弱;1992—2008 年间我国的机场产业集中度有所下降,处于中下集中寡占的类型,寡占程度较低,受政策的影响竞争程度得以进一步加强;2009—2011 年间我国的机场业基

本上处于低集中寡占的类型,寡占程度低,并存在向竞争型接近的趋势。

3.5 本章小结

由于机场业是一个特殊的行业,存在着许多一般市场所没有的特性,因此在做机场市场结构分析之前本章首先阐述了市场及市场结构的概念,通过对市场及其结构的概念的把握为进一步判定机场是否具备市场的性质和市场结构打下理论基础;之后,在本章的第二节分析了机场的经济特性,因为只有正确认识机场的经济特性,才能够明确机场的市场定位,从而为机场的经营指明方向;同时,正确地认识机场的经济特性对加强政府的监管具有重要的意义;最后,本章将机场的市场特征的论述安排在第三节,这一节是本章的重点,主要判定了机场存在自己的市场、机场作为一个特殊的市场也存在着竞争和垄断的市场元素,以及针对机场的垄断和竞争的特性分别做了具体的分析。

在市场结构变化、竞争加剧的背景下,机场作为独立核算、自负盈亏的经济实体,在经营管理方面应采取怎样的措施来应对? 在下一章中将集中于机场管理中平台经济思维的引入,从一个全新的角度去探讨机场的管理方法。

4 机场的平台特征

在上一章中,本书分析了市场的相关理论、机场的市场特征及 1987—2011 年间我国机场市场结构的情况,为后文关于在平台经济框架下机场的定价策略分析所需的我国机场市场结构状况提供实证支持。同样,本章的行文也是基础性的,即:进一步将平台经济的分析框架引入机场管理之中,为下一章的模型分析铺平道路。由于经过数十年的研究及沉淀,平台的相关概念和理论已颇丰,因此本章着重论述与本书行文相关的那些内容。

4.1 平台的相关概念和理论

4.1.1 平台的概念

在产业组织理论的一个分支——网络经济学,以及信息经济学、双边市场理论等基础上,诞生了一门新兴的边缘学科:平台经济学。平台经济学就是研究平台之间的竞争与垄断情况,强调市场结构的作用,通过交易成本和合约理论,分析不同类型平台的发展模式与竞争机制,并提出相应政策建议的新经济学科。[136]

现实经济活动中存在这样一类交易媒介,它将产品或服务的供应商同消费者联系在一起,其中供应商构成其一边,消费者构成其另一边,而且一边用户的收益取决于另一边用户的规模,我们把这种市场称为双边市场,而把这类交易媒介称为平台。具有双边市场特征的产业,不再是由一类企业作为供给方和一类用户作为需求方所构成的单边市场,而是由平台企业提供平台服务。我们身边存在着许多具有这种类型的平台,见表 4-1。以银行卡产业为例,每个银行卡组织与相连的发卡银行和收单银行构成一个平台企业,它的一边市场是通过发行银行卡为消费者提供服务,另一边市场是通过安装 POS 机和提供支付结算服务为零售商业机构服务。消费者与零售商业机构通过卡组织提供的平台完成银行卡支付。在新经济背景下,市场所具有的"商品集散、信息传播、形成价格和财务结算"的功能特征越来越显著[137],尤其是如今电子商务平台的广泛应用,使得有形市场与无形市场实现了有机的结合,市场平台化特征凸显,它通过为市场中的买卖双方提供信息、监管等服务,从而促成双方交易。

表 4-1 常见平台的用户及经营模式

平台	双边用户	经营模式	实例
杂志	广告商和读者	广告商在杂志刊登广告,读者阅读杂志并浏览广告	《读者》《瑞丽》
操作系统	应用软件开发商、电脑用户和电脑制造商(三边市场)	应用软件开发商在操作系统平台上开发诸多应用软件,电脑用户在操作系统平台上安装和使用应用软件,电脑制造商将机器随初始安装操作系统卖给电脑用户	Window、Linux
超市	供货商和消费者	供货商向超市提供商品,消费者在超市购买商品	苏果、世纪华联
网络游戏	游戏代理商和玩家	游戏代理商代理游戏开发商所开发的游戏,玩家运行游戏,并与游戏代理商进行交易	《英雄联盟》《魔兽世界》

依据不同的标准可将平台划分为不同的类型。若依据对外部参与者的开放程度,可将平台分为开放型、封闭型和垄断型平台。其中开放型平台的情况是:市场中的买方与卖方均可以自由地进入平台市场。我们常见的开放型平台有:超级市场、门户网站等。封闭型平台的情况是平台市场中在位者可以阻止后来者进入市场,比如:网络游戏平台。一般情况下,一个国家只有一个代理商,先获得代理权的公司会阻止本国其他公司再获得这一代理权。垄断平台是指所有市场均由一个垄断者控制,例如苹果操作系统,仅应用于苹果自己的手机品牌,其他品牌的手机均无法使用,这样苹果手机便控制了双边市场的一边,形成垄断势力。

其次,还可以按照连接性质的不同将平台划分为横向平台、纵向平台和观众平台。其中纵向平台的运作机制是促进平台中的"买家"与"卖家"形成交易。如超市提供一个空间,消费者与商品生产者在此空间内进行交易;横向平台则不一样,它促进的是平台内不同成员之间的交流与组合,常见的横向平台如通讯平台,它的用户并不存在明显的交易行为,用户使用该平台只是为了相互交流的方便。观众平台是指通过给予观众感兴趣的商品或服务(大多都是免费的)来捕捉目标客户,从而对其进行其他商品或服务的推销,而这些被观众感兴趣的商品与服务则需要被推销的商品或服务的商家来资助。常见的观众平台有报纸、网络搜索引擎、电视频道等。

最后,还可以依据平台的功能,将其分为市场制造者、观众制造者和需求协调者。[138]其中市场制造者平台的功能是使得不同市场方的成员相互交易,一边市场内用户的数量越多,另一边市场内的用户越看重这项业务,这类似于纵向平台。观众制造者的功能是尽可能地匹配广告商与观众,如果观众数量越多,且能够对广告的内容做出正面的反应,那么广告商就越看重这项业务。比如杂志平台,它的盈利模式主要是依靠广告的收入,有些免费的杂志更是完全依靠广告的收入来实现盈利。杂志平台的读者越多,对于广告商来说就存在越多的潜在消费者,同时另一个方面,读者能够对杂志的广告做出正面的反应时,广告数量的增加将会为消费者增加更多的商品信息,从而会吸引更多的读者浏览该杂志。需求协调者的功能是制造产品和服务,从而引起平台市场中的两个或多个客户之间的间接网络外部性。关于网络外部性的内容会在 4.1.3 节进行详细的叙述,这里只简单介绍一下。间接网络外部性就是指随着某产品使用者数量的增加会带来其互补品需求的增加。较为典型的例子有移动通信平台,移动通信业务的使用者必须同时购买手机产品才能够实现相互之间的通信,随着通信业务使用者数量的增加,手机产品的需求也会跟着上涨。

4.1.2 平台的运作模式

不同的平台往往具有不同的运作模式,拿上一节的纵向与横向平台为例,纵向平台通过促进"卖家"与"买家"之间形成交易,利用买家或卖家抑或是两者交易的需要从中获得收益。而横向平台则通过促进平台内不同成员之间的交流与组合谋取利润。虽然不同的平台有各自不同的运作模式,但是对于这些平台商来说,他们的运作模式可归结为以下三点:

存在两个或多个不同的用户组。这也就是双边市场或多边市场中所谓的"边"的概念。不同用户组之间存在着区别与联系,有时还可以相互转化。比如大型超市平台中的用户组可分为两类,即大型超市双边市场有两个边:商品生产商和消费者。商品生产商和消费者具有明显的区分,一个为卖方一个为买方;又如通讯平台,呼叫者与接收者在平台中不存在明显的区分,且他们之间可以相互转化,即当原先的接收者改为呼叫原先的呼叫者时,他们的角色便互换了。

不同组用户之间以平台作为联系的纽带。平台能够提供一个空间或场所,不同组的用户在这里进行商品、信息的交流。平台的存在为不同组的用户的交流提供了方便。例如时下热门的电子商务网站——淘宝网。淘宝网的建立为广大网络用户购买商品提供了一个方便浏览信息和购买商品的空间,在淘宝网站里,消费者只要注册一个账号,就可以浏览淘宝网站上的所有商店商品的信息,不仅如此,网站还设置一款叫作阿里旺旺的软件,通过该软件,消费者可以即时与卖家取得联系。由于淘宝网站的建立,将众多商品销售公司与消费者方便地联系在一起,因此得到了两边市场用户的欢迎,网站也越做越大。

平台可以将不同组用户之间的外部性内化。所谓外部性的内化是指物品和服务的边际私人收益或成本被调整,从而使用者在其决策中考虑实际的边际社会收益或成本,这实质上意味着外部性的边际价值被定价。[139]倘若没有平台的存在,由于信息和交易成本以及"搭便车"现象的存在,使得不同组的客户难以将外部性内化。比如,某电脑销售公司,门铺店面位于一条冷清的大街边,由于没有什么知名度,因而经营惨淡,公司如要打开销路,需要进行很多的广告宣传,来吸引消费者前来购买电脑,也就是说公司需要支付一大笔信息成本。后来,该电脑公司转移了经营位置,搬迁到了该市的某电脑城内(电脑城可视为一个平台,通过促进消费者与电脑销售公司交易来获得收入)。由于电脑城知名度很高,市内的居民购买电脑往往首先想到的就是去这里,搬到电脑城后该电脑销售公司销售额陡增,店主整天忙于招呼顾客,再也不用担心销路的问题了。这样,该公司省去的广告成本被转化为电脑城的平台费用,也就是平台将成员间的外部性内化了。

4.1.3 平台的外部性

亚当·斯密在其论著中提到了市场经济的"利他性",这是最早的关于外部性的概念,之后马歇尔吸收了这一思想,并首次提出了"外部经济"这一概念。自此以后,越来越多的经济学家开始了对外部性的研究,他们从制度、经济利益、非竞争性等诸多的角度对外部性进行了研究。然而关于外部性的定义至今也没有形成一个统一的认识,不同的经济学家给出了不同的定义,从现有的文献资料来看大致有两类[140]:一类如萨缪尔森和诺德豪斯等从外部性的产生主体角度来定义,即"外部性是指那些生产或消费对其他团体强征了不可补偿的成本或给予了无须补偿的收益的情形"[141];一类如兰德尔等从外部性的接受主体来定义,即外部性是用来表示"当一个行动的某些效益或成本不在决策者的考虑范围内的时候所产生的一些低效率现象:也就是某些效益被给予,或某些成本被强加给没有参加这一决策的人"[142]。

如果从数学的角度来描述外部性可表示如下:

假设 t 时刻某一产品的消费者数量为 $N(t)$,$N(t) > 1$,网络外部性函数为 $f(N(t))$,函数 f 满足 $f(0) = 0$,$f(N(t))$ 可微,且 $f'(N(t)) \geqslant 0$。$U(N(t))$ 表示某消费者使用该产品时由于产品自身及产品的消费者规模所能获得的效用,于是有:

$$U(N(t)) = \theta + f(N(t))$$

式中,θ 为正常数,表示与网络规模无关的效用,即当该产品中不存在其他任何消费者时,该消费者仍然能够享有的收益。$U'(N(t)) \geqslant 0$ 表示存在正网络外部性。

从概念上说,平台经济理论与网络外部性理论相关。平台经济理论与网络外部性理论都以价格结构为研究中心,且平台经济理论借鉴了网络外部性理论中价格结构受市场力量的调节作用要小于受价格杠杆的调节作用的观点。因此，从某种意义上来说，平台只是具有某种类型的网络外部性的交易市场。网络外部性是指当消费同样产品的其他使用者的人数增加时，某一使用者消费该产品所获得的效用增量[143]。可见网络外部性往往考虑的是正的效用。也就是说网络价值的增长大于网络规模的增长，当网络规模增加一倍时，网络给用户带来的总价值要高于一倍。这可以理解为是一种伴随网络扩大而产生的"规模经济"，当然这种"规模经济"不是产生于供给方，而是产生于需求方。因此，网络外部性也被称为需求方规模经济[144]。

平台的网络外部性与网络外部性不同，网络外部性一般是指在某个市场中消费者的效用根据该物品或服务的其他消费量来决定，而平台的网络外部性则是指，一边用户的外部性是由同一边用户的数量以及另一边或几边用户的数量来决定的。以大型购物网站平台为例，浏览平台的顾客的外部性由两部分组成，一部分是浏览该平台的其他顾客数量，当这个数量增加时，平台的规模将会扩大，扩大规模的平台将会更加注重自己的名誉，因而就会更加注重对商家产品质量的把关，这便间接地提高了顾客的效用；另一方面，顾客数量的增加会增加潜在购买者的数量，这就会吸引更多的商家前来销售，同样的商品，卖家数量的增加会增加商品的竞争，对于顾客来说将会得到更多的效用。这样，平台一边用户的效用随平台两边用户数量的增加而增加了。当然，这种网络外部性可能为正也可能为负，比如顾客数量的增加也可能导致某些特殊商品需求的增加，在供给不能充分满足的情况下，购买这些商品的顾客的效用会降低。因此，一边用户的外部性是由同一边用户的数量以及另一边或几边用户的数量来决定的，但是是正效应还是负效应则需要进行具体的分析和判断。

4.1.4 平台用户的多属行为

多归属（multi-homing），源于通信方面的一个术语，它是指在通信线路上事先选择多个通信路径且他们之间存在备份和冗余关系，在网络通信时，当一条通信线路出现拥塞时，可以选择其他的通信路径，这就保证了通信线路的畅通。[145] Caillaud 和 Jullien[74] 及 Rochet 和 Tirole[72] 在他们的研究中，将消费者同时购买多个竞争性厂商的产品行为称为 multi-homing。

多属在平台经济中的含义是指平台某"边"用户,同时参与多个竞争性的不兼容的平台以获得更大的网络效用的行为。当平台某"边"的用户归属于多个竞争性的、不兼容的平台而获得的网络效用大于仅归属于一个平台厂商时,多属行为便具有了合理性。现实中多属行为的例子很多,最为常见的如求职网站平台,这是一个双边市场,市场的一边是需要招聘人员的企业用户,另一边是毕业生等需要求职的用户,对于求职的用户来说,在该网站上填写求职信息,是一个几乎无成本的行为,而网络上的求职招聘网站很多,在多家网站上公布求职信息获得的收益肯定比仅在一家网站上公布求职信息获得收益要高,因而求职用户会采取多归属的策略。另一方面,招聘用户在该网站上挂靠信息往往需要支付一定的费用,这样招聘用户需要比较挂靠信息所获得的收益与所支付的成本哪个更高一些,挂靠一个招聘网站能获得正收益,招聘用户就挂靠一个招聘网站,挂靠多个招聘网站仍能获得正收益,则招聘用户就采取多属策略在多个招聘网站上都挂靠自己的信息。表 4-2 列出了存在多属行为的平台。

表 4-2 常见的存在多属行为的平台

平台类型	A边市场	多属行为	B边市场	多属行为	C边市场	多属行为
报纸、杂志	广告商	某些小型的公司可能只在当地的街头小报上刊登广告,而对于一些大的公司如联合利华、联想电脑等几乎在每个城市的报纸、杂志上都刊登自己的广告	读者	读者往往阅读不止一类的报纸和杂志	—	—
操作系统	软件开发商	有些开发商仅针对某一个操作系统进行软件开发,有些开发商会针对多操作系统平台进行软件的开发,这取决于公司的规模及发展战略	消费者	由于消费者大多只熟悉某一种操作系统,因此他们往往只使用他们熟悉的那一种操作系统	电脑制造商	大多数电脑制造商都支持多操作系统平台如Window、Linux,而苹果电脑最初是仅支持苹果系统的,后来才扩大了支持系统

（续表）

平台类型	A边市场	多属行为	B边市场	多属行为	C边市场	多属行为
游戏机主机	游戏软件开发商	类似于操作系统中软件开发商的策略	玩家	根据玩家的实际情况,有的人比较热衷于游戏,为了玩不同的游戏可能会购买多个游戏主机,有的人则仅偏好于一种	—	—
大型超市	商品生产商	具有地方特色的、规模较小的生产商仅在一家超市上架,规模较大的商品生产商会在多家超市上架自己的商品	消费者	消费者往往不止光顾一家超市	—	—

注:"—"表示不存在。

从表 4-2 中可以看出,用户选择多平台归属的情况及原因是很复杂的,不同的情况有不同的归属类型。具体而言,用户的归属情况可分为四类:

(1) 纯粹单归属

在这种归属情况中,平台的用户在仅在一个平台中进行互动,不受外界其他平台的干预或是没有其他的平台与之竞争。这种归属情况存在于垄断的平台中,如我国早期的电话业务仅由邮电局受理,那么对于归属于邮电局的用户来说他们的归属情况就是纯粹单归属。

(2) 一边用户单归属一边用户多归属

在这种归属情况中,通常是买方单归属,卖方多归属。由于平台的两边用户之间存在着网络效应,而市场竞争的焦点往往集中在单归属的那一边,因而该边便成了市场竞争的焦点,我们称之为"竞争瓶颈(competitive bottle-necks)"。竞争性的平台往往在"竞争瓶颈"这边实施免费或补贴策略,而在多归属的一边,对其用户收取正的价格。[145] 最为常见的例子是购物网站的价格策略:许多顾客往往钟情于某一家购物网站,如女生爱上淘宝网买衣服,对于该网站来说,她们就是一个单归属的用户群,而淘宝网站的卖家除了有网店外,大多还有实体店,也就是说卖家是一个多归属的用户群。因此,淘宝网面对的是一个"竞争瓶颈"的情况,淘宝网的价格策略是对网站的单归属用户群即买方采取免费注册的价格策略,而对网站的多归属用户群即卖方采取注册费加交易费的价格策略。

(3)纯粹多归属

在这种归属情况中,每个边的用户都采取多归属的策略。如上表中的大型超市平台,消费者和商品生产商往往都不止归属于某一家大型超市(由于商品生产商单归属的情况很少,因此忽略了这一情况)。

(4)部分多归属

在这种归属情况中,平台用户的归属行为不一致,即在某边用户中,有的选择单归属策略,而有的选择多归属策略。从严格意义来说,这一类归属情况才是最符合实际的,第一类和第二类的归属带有不同程度的简化。

4.2　机场的平台特征分析

平台经济从诞生至今,关于其理论的研究正不断地走向兴盛。在这些平台经济理论研究获得丰硕成果的基础上,不少学者也开展了对具体行业的运用研究,这其中涵盖了银行卡业、大型零售业以及数字电视等众多平台产业。然而,这其中却缺乏了一个从一开始平台理论的研究者就忽视了的很重要的产业——机场业。机场是否是平台经济理论中所讨论的平台厂商呢?在这里可以先引用我国平台经济研究先驱者徐晋对平台的定义:"平台的实质是一种交易空间或场所,它既可以存在于现实世界,也可以是一个虚拟的网络空间,该空间的所有者通过引导或促成客户之间的交易,来收取一定的费用,并吸引交易各方使用该空间或场所"。[117]机场拥有一个非常广阔的地域空间,在这里航空公司租用机场的停机坪、跑道等设施,为前来搭乘飞机的乘客提供运输服务①,同时机场也为乘客

---

① 此外还有委托运输的货主。由于对于本文来说,货主的情况与乘客类似,为了讨论的方便,文章只讨论乘客。

搭乘飞机提供登机、安检等服务,并向航空公司和乘客收取一定的服务费用。可以说机场就是航空公司与乘客交易的场所,符合徐晋对平台商的定义。因此,下面便将机场作为一个平台商,对其平台特征进行分析。

4.2.1 机场的收入

在论述机场的平台运作模式之前需要首先确定机场的收入来源,因为这牵涉到机场的平台运作模式是面对着怎样的用户市场以及机场平台是一个双边市场模式还是多边市场模式。

机场通过各种各样的产业群体为其客户提供不同的航空运输地面保障服务,从其所涉及的资源和业务来看,机场所具有的收益性资源主要有以下几个方面:

(1)飞机起降权资源

航空公司由于地域条件的限制往往对飞机的起降无选择权。以我国为例,我国机场目前尚处于起步和发展阶段,由于"非航空性业务"较少,且经营水平不高,因此在机场的总收入中,飞机起降费仍占据着较高的比重。据统计,目前我国三大门户机场的航空性主营业务收入要占到总业务收入的60%左右,并且对于一些规模较小的地区性机场来说这一比例甚至高达90%以上。[146]

(2)土地资源

去过机场的人都会对机场广阔的空间留下深刻的印象,这些广袤的土地资源是机场房地产开发以及地租等收入的源泉。根据使用性质的不同可将机场的土地分为三块:飞行区、航站区和延伸区。飞行区是机场主营业务的基础,为机场的"航空性业务"的收入提供支持,而航站区和延伸区则常被临空经济有关学者们所关注,他们提倡充分利用航站区的零售业务以及延伸区内的临空产业的开发,为机场创造更多的收入。韩国仁川国际机场是一个典型的例子。

仁川机场是韩国通过在海岸外填海建造起来的。机场不仅为往来的顾客提供各种客货运输服务,更为满足过往旅客的各种需求提供多样服务,如商业、住宿、休闲、旅游等,同时机场在建设时还为机场工作人员规划了小区,以方便员工的工作和生活。仁川机场具有复合性的功能,韩国也希望通过该机场来为国家经济的发展带来新的动力。

图 4-1 是仁川机场的一个发展规划图,它是一个圈层的结构。其中最内层是航空城,是机场航空业务的核心;中间层是国际机场连锁商业社区,为过往旅客提供各种服务;最外层是国际自由贸易空港商业城。

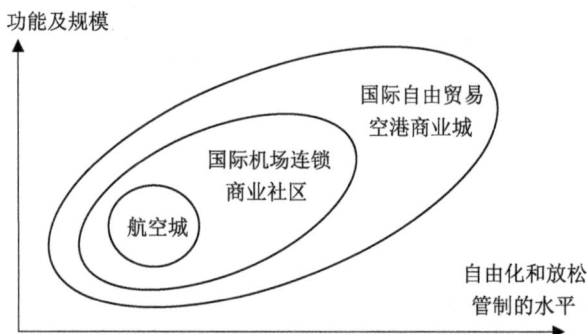

图 4-1　韩国仁川机场临空经济区的发展规划图

在距离该机场约 4 千米处,建有 2.15 平方千米的机场小镇,可容纳 2 万人,附近还有一个 90 洞的高尔夫球场和商业大楼以及两个高档旅馆和五栋办公楼。游客来此还能够很方便地参观旅游附近的岛屿。不仅如此,随着经济的发展,如果机场需要进行扩建,还可以充分利用填海造地的优势。

(3) 机场商业资源

由于候机楼的存在,机场可以通过设立商品销售摊位,经营销售一些商业附加值较大的国内传统商品和世界名牌免税品。由于机场的顾客往往具有一定的社会地位,因而拥有较强的购买力,会对机场所售的商品产生兴趣。充分利用这些商业资源可以促进机场获得较多的非航空收入。以上海浦东机场为例,由于采用了租金保底加营业额提成的方式,机场增加了候机楼的商业收入,据统计,该机场在 2005 年获得特许经营权后,在 2006 年机场商业收入高达 5 亿元左右,平均每平方米的商业用地收入接近 71 000 元;又如香港机场,采取了特许经营的模式经营机场的商业资源,仅 2005 年,该机场的非主营收入就达到了 38.08 亿港元,占机场当年总收入的 51.1%。

（4）广告资源

机场是一个地区的进出门户，每天都有众多旅客来往于此，因而它具有极大的广告媒体价值。目前，我国的机场都拥有广告专营权，可以从事机场候机楼及户外的广告相关业务的代理、设计制作及维护。据统计，2011 年深圳机场的航空广告收入约 2.16 亿元，而成本仅 2 670 多万元，营业利润率高达87.62％，远远高于航空主业利润率的 41.98％。[147]因此，机场广告是机场扩展收入的良好资源。

（5）地面代理服务资源

由于航空公司业务的局限，往往需要机场来为其提供地面代理服务，这其中包括：机务维修、飞机牵引、充气除冰、值机等一揽子服务。通过地面代理业务的开展，机场可以增加新的利润来源，同时也能够更好地为航空公司服务。

由于机场的收益性资源的多样化导致机场的收入也呈现多样化。根据收入的不同来源，可以有不同的区分方式。英国 Loughborough 大学 Norman Ashford 和美国洛杉矶机场执行总监 Clifton A. Moore 在其《机场财务》一书中通过区分与机场运营的关联性将机场收入分为营运收入（Operating revenues）与非营运收入（Nonoperating revenues）。其中，营运收入是指"与机场的运营和操作直接相关的那部分收入，包括操作区域、候机楼、租赁区和土地"。非营运收入是指"所有的与机场运营不直接相关的活动所产生的所有收入，这些活动即使在机场关闭后也会继续存在"。[148]

如今，更多的划分方法是依据机场的所提供的服务来将其对应的收入划分为航空收入和非航空收入。与之对应的服务就是航空服务和非航空服务。其中航空服务提供跑道、停机坪、通信等设施，它们都与航空运输有着密切联系；非航空服务包括零售、宾馆、旅行社、停车场等，他们都不与航空运输直接相关。① 机场航空性收入与非航空性收入的业务见表 4-3。

---

① 有些航空服务所产生的收入也可划为非航空收入，例如旅客值机服务，其本身与航空运输密切相关，是航空服务，但当非机场单位，如航空公司在机场从事这一服务时，机场所提供的服务是出租场地、设备、依据双方的合同进行监督管理，并收取特许经营管理费，在大多数国家的机场都把这种收入看作非航空收入。

表 4-3 机场收入内容

项目	航空性收入	非航空性收入
机场业务	飞机、旅客、货物进出港服务,地面服务、通讯导航、航空燃油	商业零售、广告、酒店、航空食品、停车场,汽车租赁、土地、房产及其他设施

开展航空业务是机场正常运行的根本保障,而开展非航空服务,则可以补充航空服务的不足,提高机场整体服务水平,是机场新的经济增长点。一般情况下,发展比较成熟的机场其非航空收入在机场收入中所占的比例往往比较高。以西欧的大中型机场为例,其航空收入平均占总收入的 56%,非航空收入为 44%,当旅客流量达到 900 万~1 000 万以上时,非航空收入可以达到 50%~60%。在北美,这一情况更为惊人,在北美的大中型机场,非航空收入平均可达 75%~80%,其中特许经营在非航空收入中占有较大比重,北美大中型机场的收入结构如图 4-2 所示。航空收入与非航空收入的比重已成为评价一个机场的商业化程度及经营水平的重要指标之一。然而我国同类机场非航空收入却仅占 30%~40%。[149]

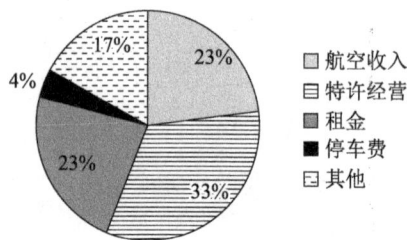

图 4-2 北美大中型机场的收入结构

资料来源:《现代机场发展与管理》[150]

通过以上分析可知,非航空业务是新时期机场转变经营方式、增加营业收入的有效途径。将机场作为平台商,其所面临的客户市场不仅仅是航空公司和乘客的双边市场,由于机场所面临的竞争不断加剧,开展非航空业务已成为机场经营发展的需要,因此对于参与竞争的机场来说,其还会面临以零售商为代表的第三边市场,机场的定价策略是建立在航空公司、乘客和零售商这三边市场的基础之上的。

4.2.2 机场平台的运作模式

通过上一小节中对机场所拥有的资源以及机场的收入分类的论述,得到了机场所面临的用户市场是一个以航空公司、乘客和零售商为代表的三边市场。因此,下面对机场所面临的这一、三边市场的运作模式进行具体的分析。

一般平台所采取的收费方式有三种:会员费、使用费和两步收费制。其中会员费为用户向其选择交易的平台交纳的注册费,比如某大型超市会对进入该超市货架的某品牌的商品征收一个上架费,这个费用也就是平台的注册费;使用费为平台根据用户的交易行为向用户收取的交易费,比如某网络购物网站,对网站平台内的每一次交易收取一个固定金额或是交易金额百分比的费用,这个费用就是使用费;两步收费制则是会员费和使用费两种收费制的结合。会员费的存在会对平台终端用户数量的多少产生影响,使用费的存在将对交易双方的交易意愿产生影响。因此平台对用户收取费用的时候应当权衡这两种影响。

机场对航空公司、乘客以及零售商所收取的费用见表4-4第一栏。从该栏中可以看出机场对航空公司及乘客的收费都是伴随着航班的起降而来的,也就是说机场对航空公司以及乘客的收费与航班有关,一次航班机场向航空公司收取一次起降费、停场费等,同时航空公司还要将代机场向乘客收取的旅客服务费等交给机场。然而飞机一次航班可以搭载几十甚至上百名乘客,那么机场对航空公司的收费方式就不是按照航空公司的交易次数来定的,当然机场也不是向航空公司收取注册费。由于机场向航空公司收取的费用存在这种特殊的情况,因此本书需要对航空公司的交费方式进行假设。假设机场全年的航班运输需求是均匀的,机场所驻的航空公司每天都起飞和降落固定数目的航班,那么航空公司一年向机场所交纳的费用就是一个固定的数额,这样便可以近似的将航空公司向机场交纳的费用用年费来代替。其次,由于交通运输的特性,理性的乘客一次乘机只购买一张机票和航空公司进行一次交易,因而机场对乘客的收费方式是按照乘客交易次数来定的。最后,机场对零售商的收费主要是特许经营费、租金等,这种收费往往采取年费的方式。因此机场对航空公司、乘客及零售商的收费方式可总结为表4-4第二栏。

表 4-4　机场收费类型及方式

项目	航空公司	乘客	零售商
机场收入	起降费、停场费等	客桥费、旅客服务费、安检费等	特许经营费、租金等
收费方式	注册费	使用费	注册费

资料来源：《民用机场收费改革方案》(2007)[151]。

4.2.3　机场平台的网络外部性

机场作为一个平台,之所以有航空公司、乘客以及零售商在其上进行联系,除了一些政策性的原因(比如航空公司的飞机只允许停在机场内)外,是因为它们能够获得平台的网络外部性。平台的网络外部性是指,一边用户的外部性是由同一边用户的数量以及另一边或几边用户的数量来决定的,机场所提供的网络外部性同样遵循这一准则,下面对这三边市场用户参与机场平台所获得的网络外部性进行具体的分析:

首先分析乘客获得的网络外部性。乘客在机场所获得的网络外部性来源于三个方面:第一是航空公司的数量,因为航空公司的数量越多,乘客可挑选的航班数就越多,无论是时间偏好或是价格偏好的乘客都将从这一情况中获得较高的效用;第二是同样选择该机场的乘客的数量,因为更多的现有乘客将促使机场投入更多的人员到乘客服务中去,同时航空公司也会投入资源,增加航线和航班数量,这都会增加乘客所获得的效用;最后一个方面是零售商的数量,因为零售商的数量的增加可以使乘客有更多的商品挑选,增加乘客的可选余地,其次零售商数量的增加会带来一定的竞争,从而使得商品的价格有可能下降,质量可能得到提升。

其次分析航空公司获得的网络外部性。航空公司在机场所获得的网络外部性来源于两个方面:第一是乘客的数量,因为现有乘客越多,他们潜在的客户就越多,获得的收入就越多;第二是同机场其他航空公司的数量,因为同机场其他航空公司数量的增加将会增强他们与机场谈判的实力,从而能够增加从机场获得优惠价格的机会。

最后零售商的网络外部性的获得来源于两个方面:第一是乘客的数量,因为乘客数量的增加能够使零售商拥有更多的潜在顾客,增加了零售商的期望收益。第二是同机场零售商的数目,因为机场零售商数量的增加将会使机场获得更多的租金收入,从而使机场更加重视零售商业务,更加关注零售商的招商以及零售商摊位的建设。

当然上文所谈论的只是一种正的网络外部性。对于现有文献来说,讨论平台经济或双边市场的网络外部性问题一般都是指正的网络外部性,然而负的网络外部性却是存在的,Belleflamme 和 Toulemonde 在他们的文章中对这一情况进行了详细的讨论,并认为双边市场的网络外部性有正负之分,且同边用户之间为负,异边用户之间为正。[152]对于机场这一特殊的平台来说,乘客之间的负网络外部性表现为争夺优良时间段的航班或是座位,航空公司之间的负网络外部性表现为客源之争,零售商之间的负网络外部性则表现为优质摊位的争夺以及商品销售的竞争。然而这些负的网络外部性较之双边市场中同边客户之间的正网络外部性孰小孰大却是一个很难衡量的问题。

4.2.4 机场平台的归属问题

从前面章节的论述可知,平台的归属情况分为四类:纯粹单归属、一边用户单归属一边用户多归属、纯粹多归属和部分多归属。每一种归属情况都有自己分布的行业及特点,那么机场的归属情况又是如何呢? 本节便进行具体分析。

由于竞争的存在,各机场所提供的服务具有差别性,那么机场的顾客(这里指航空公司、乘客和零售商)就存在多属行为的可能。一般而言,航空公司会采取多归属策略、零售商采取部分归属策略而乘客采用单归属策略。这是因为:对于航空公司方面,航空公司作为运输活动的生产者,其生产活动的往返性决定了其必须至少租用两家机场作为飞机飞行的起点和终点,才能够完成一次运输生产。因此,航空公司的归属策略是多归属的;对于零售商而言,零售商中有一部分是仅仅在一个机场租用摊位、销售商品的,如当地的特产店等,还有一部分像肯德基、麦当劳之类的连锁商店则几乎在每一家机场都能看得到。因此,零售商的归属策略是部分归属;对于乘客方面,由于运输生产的特性,乘客不可能同时去不同的机场乘坐不同的飞机(这里忽略转机的情况),那么对于理性的乘客来说,多属行为是没有必要且不会发生的。因此,乘客的归属策略是单归属的。

4.3 本章小结

本章行文目的仍然是一个基础性的铺垫,通过对平台概念的梳理及推敲得出了机场具有平台特征、也是一个平台的结论,从而将平台的概念引入机场。本章主题分为两部分,第一部分是关于平台理论及相关概念,共论述了平台的概念、运作模式、外部性和多属这四个方面,这些理论概念并不涵盖所有的平台理论,仅是为了第二节论述机场平台特征而作的理论准备;第二部分为本章的重点,也是本章行文目的所在,因为只有把握了机场的平台特性,才能够对机场在平台分析框架下的定价策略进行建模,并且后面章节中模型的很多假设均来源于此。具体说来,第二部分共论述了机场的收入、机场平台的运作模式、机场平台的网络外部性和机场平台的归属这四个问题。得到的结论如下:

(1)划分机场收入的方法很多,其中最为常见的划分是将其划分为:航空收入和非航空收入,其中非航空业务是新时期机场转变经营方式、增加营业收入的有效途径。因此,将机场作为平台商,其所面临的客户市场不仅仅是航空公司和乘客的双边市场,由于开展非航空业务的需要,机场还会面临以零售商为代表的第三边市场。

(2)一般平台所采取的收费方式有三种:会员费、使用费和两步收费制。通过分析机场对航空公司、乘客以及零售商所收取的费用的构成可以得出机场对航空公司的收费方式是注册费,对乘客的收费方式是使用费,对零售商的收费方式是注册费。

(3)机场作为一个平台能够使航空公司、乘客以及零售商在其上进行联系,并使其能够获得平台的网络外部性。这些网络外部性都是由同一边用户的数量以及另一边或几边用户的数量来决定的,且同边用户数量所带来的外部性有正有负。

（4）平台的归属情况分为四类：纯粹单归属、一边用户单归属一边用户多归属、纯粹多归属和部分多归属。机场的用户归属情况是部分多归属的，具体说来是：航空公司会采取多归属策略、零售商采取部分归属策略而乘客采用单归属策略。

通过本章及前面章节的论述，在平台分析框架下的机场定价模型建立铺垫已准备完毕，在下面的章节中，本书将对机场在平台经济的分析框架下建立模型，并推导出机场的定价模型，从而为机场的定价管理提供一些启示。

5 基于平台经济的垄断机场定价机理

在前面的章节中,已经分析了机场作为平台商所具有的市场特征,其存在着垄断和竞争的双重特性。由第 3 章所获得的实证结论"1987—1991 年间我国的机场业基本上处于中上集中寡占的类型,寡占的程度较高,市场的竞争强度较弱"可知由于机场的区域自然垄断的特性,1987—1991 年间的机场对于其所在地而言,已处于垄断地位,因此对于这一阶段的机场尤其是位于 CR_4 以及 CR_8 位置上的机场而言,其定价策略应当是在近似垄断的市场结构中制定的。本章就垄断型市场结构下机场的定价策略进行推导,并分析垄断型市场结构下的机场定价机理。

5.1 垄断平台的定价模型

5.1.1 垄断平台的一般模型

关于垄断平台的定价模型,其中 Rochet 和 Tirole 的研究是比较典型的双边市场一般性分析。他们的研究力图通过一个基本的模型来讨论双边市场的主要特征,下面做具体介绍:

Rochet 和 Tirole 假设终端用户不承担固定费用,平台厂商采取线性定价原则。[153]双边市场的一边称为 A 市场,另一边称为 B 市场。A 市场的用户从每一笔平台交易中获得的收益 b^A 具有差异性,B 市场的用户从每一笔平台交易中获得的收益 b^B 也具有差异性,b^A 和 b^B 分别表示 A、B 用户从交易中所获得的收益,因而独立于平台商制定的价格和用户之间的交易价格。双边市场的终端用户通过平台厂商的平台进行联系。平台商为促成终端用户发生联系所提供服务的边际成本为 c，$c > 0$。假设 A 市场和 B 市场的用户不承担固定的交易成本和固定的交易费用，A 市场和 B 市场的需求分别与垄断平台厂商对他们制定的价格 P^A 和 P^B 有关，记他们需求为 $D^A(P^A)$ 和 $D^B(P^B)$。由于网络外部性的存在，A 市场用户 A 从每笔交易中获得的收益与 B 市场用户 B 的数量 N^B 有关，A 市场的需求依赖于 B 市场用户 B 的数量 N^B，因此，A 市场的需求函数为：

$$N^A = \mathrm{pr}(b^A \geqslant P^A) = D^A(P^A) \tag{5-1}$$

同样 B 市场的需求函数为：

$$N^B = \mathrm{pr}(b^B \geqslant P^B) = D^B(P^B) \tag{5-2}$$

假定交易双方一定可以达成匹配，那么考虑一组交易双方在对应于一笔潜在的交易时，若 b^A 和 b^B 相互独立，那么该平台的终端用户在平台上实现的交易量为 $D^A(P^A)D^B(P^B)$。

下面考虑利润最大化时的定价情况：

平台商的利润函数可表示为：

$$\pi = (P^A + P^B - c)D^A(P^A)D^B(P^B) \tag{5-3}$$

假设 D^A 和 D^B 是对数凹函数，那么 π 也是对数凹函数，由一阶条件得：

$$\begin{cases} \partial(\ln \pi)/\partial(P^A) = 1/(P^A + P^B - c) + (D^A)'/D^A = 0 \\ \partial(\ln \pi)/\partial(P^B) = 1/(P^A + P^B - c) + (D^B)'/D^B = 0 \end{cases} \tag{5-4}$$

从而可以得到：

$$(D^A)'D^B = (D^B)'D^A \tag{5-5}$$

(5-5)式可以推导出在一定价格总水平下实现平台利润最大化的平台价格 P^B 和 P^A。

若引入需求价格弹性 $\eta^A = -P^A (D^A)'/D^A$，$\eta^B = -P^B (D^B)'/D^B$，则垄断平台定价的勒纳公式可表示为：

$$P^A + P^B - c = P^A/\eta^A = P^B/\eta^B \tag{5-6}$$

令 $\eta = \eta^A + \eta^B$ 表示总的需求价格弹性,$P = P^A + P^B$ 表示总价格水平,则垄断平台厂商的价格总水平仍然由经典的勒纳公式给出:

$$(P - c)/P = 1/\eta \text{ 或 } P = \eta c/(\eta - 1) \tag{5-7}$$

若假设 $\eta > 1$,则可以推出平台对终端用户的定价为:

$$\begin{cases} P^A = \eta^A P/\eta = \eta^A c/(\eta - 1) \\ P^B = \eta^B P/\eta = \eta^B c/(\eta - 1) \end{cases} \tag{5-8}$$

Rochet 和 Tirole 的垄断平台一般模型给出了较为符合实际环境的完整定价模型,并得出了具体价格结构的表达式。然而,模型中拟需求函数的构建却忽略了平台的网络外部性,这一外部性恰恰是平台运行的最基本特征。所以以 Rochet 和 Tirole 构建的垄断平台的一般模型是存在巨大缺陷的。

5.1.2 垄断平台的数量模型

除了 Rochet 和 Tirole 之外,Aaron Schiff[154]也对垄断平台的定价进行了研究,并提出了垄断平台定价的数量模型,模型的具体设定如下:

垄断平台厂商同时向双边市场的用户 A 和用户 B 提供"接入"服务,每一边用户的需求是连续的,并且与另一边的用户的需求相关。由于通过平台进行交易给用户 A 和用户 B 所带来的收益不同,因此用户 A 和用户 B 对不同的平台具有不同的偏好。用户 A 选择平台进行交易所获得的效用为 u,u 在 $[0, 1]$ 上服从均匀分布。同样,用户 B 选择平台交易获得的效用为 σv,其中 $\sigma > 0$,v 在区间 $[0, 1]$ 也服从均匀分布。参数 σ 表示用户 A、B 对平台运营商提供的产品的偏好差异。不失一般性,Aaron 假设 $\sigma^2 \leqslant 1$。假设整个市场只存在一个平台运营商 P。其拥有的用户 A 数量为 α,$\alpha \in [0, 1]$,拥有的用户 B 数量为 β,$\beta \in [0, 1]$。α、β 分别反映了平台厂商 P 在 A、B 市场的占有率。通常情况下,用户 A、B 选择同一平台进行交易时,交易可顺利完成。若交易顺利完成,那么每一个用户 A 从该交易中获得的效用为 u,否则为零。同样,每一个用户 B 从交易中获得的效用为 σv。由于存在 β 个用户 B 愿意使用用户 A 选择的平台 P 进行交易,因此每一个用户 A 在平台 P 的期望交易量为

β,用户 A 通过平台 P 进行交易获得的总期望效用为 βu。同样,每一个用户 B 的平台期望交易量为 α,用户 B 通过平台 P 进行交易获得的总期望效用为 $\alpha \sigma v$。假设用户 A、B 均具有可实现预期。由于相对于变动成本而言,平台运营厂商将面临较高的固定投资,因此假设平台运营厂商的边际成本为零。

Schiff 将平台厂商的定价模式分为两种,一种是不管用户是否达成完美匹配或者进行了交易,平台厂商均向用户收取接入费。第二种是当用户之间达成了完美匹配,或者实现了一笔交易的时候,平台厂商均向用户按照交易量收取交易费。令 p、r 分别表示平台厂商向用户 A、用户 B 收取的接入费,s、t 分别表示平台厂商向用户 A、用户 B 收取的交易费。则:

在收取接入费的情况下,平台运营厂商 P 面临的用户 A、用户 B 对平台运营厂商 P 的逆需求函数分别为:$p(\alpha,\beta)=\beta(1-\alpha)$,$r(\alpha,\beta)=\alpha \sigma(1-\beta)$;平台厂商 P 的利润函数为:

$$\pi(\alpha,\beta)=\alpha p(\alpha,\beta)+\beta r(\alpha,\beta)=\alpha \beta(1-\alpha)+\alpha \beta \sigma(1-\beta) \quad (5\text{-}9)$$

在收取交易费的情况下,平台运营厂商 P 面临的用户 A、B 对平台运营厂商 P 的逆需求函数分别为:$s(\alpha)=1-\alpha$,$t(\beta)=\sigma(1-\beta)$;平台厂商 P 的总交易量是 $\alpha \beta$,因此,其利润函数为:

$$\pi(\alpha,\beta)=\alpha \beta [s(\alpha)+t(\beta)]=\alpha \beta(1-\alpha)+\alpha \beta \sigma(1-\beta) \quad (5\text{-}10)$$

从上面的模型可以看出,两种定价模式对于平台厂商来说是等价的,因此,不管是哪一种定价模式,当市场达到均衡状态时,均衡产量和均衡利润是一样的。下面推导平台利润最大化下的平台定价表达式:

由平台利润一阶函数可知:

$$\begin{cases} \partial \pi / \partial \alpha = \beta - 2\alpha \beta + \beta \sigma(1-\beta) = 0 \\ \partial \pi / \partial \beta = \alpha(1-\alpha) + \alpha \sigma - 2\alpha \beta \sigma = 0 \end{cases} \quad (5\text{-}11)$$

从(5-11)式可推出:

$$\begin{cases} \alpha = (1+\sigma)/3 \\ \beta = (1/3\sigma)(1+\sigma) \end{cases} \quad (5\text{-}12)$$

考虑到 $\sigma > 0$，由于 $\alpha < 1$ 因此可推出 $\sigma < 2$，且 $\beta < 1$ 因此可推出 $\sigma > 1/2$。因此 $\sigma \in (1/2, 2)$。

将(5-12)式代入接入费和交易费的表达式可得：

$$\begin{cases} p = (1+\sigma)(2-\sigma)/9\sigma \\ r = (1+\sigma)(2\sigma-1)/9 \end{cases} \tag{5-13}$$

$$\begin{cases} s = (2-\sigma)/3 \\ t = (2\sigma-1)/3 \end{cases} \tag{5-14}$$

上面两式便是垄断平台两种不同的收费模式下的利润最大化定价策略。

同时 Aaron 还考虑了市场约束的问题，当 A 市场被约束时，即当 A 市场的用户只能加入平台而无其他市场可交易时，$\alpha = 1$。可以推出 $\sigma = 2$，从而 $\beta = 1/2$，$p = 0$，$r = 1$。此时垄断平台占有 B 市场的一半份额，同时平台在定价上将完全向 A 市场免费，而对 B 市场收取最高价格。另一方面当 B 市场被约束时，情况和 A 市场被约束时相反。从这里 Schiff 谈到了垄断平台利润最大化的定价结构问题，他认为垄断平台的用户谁能够获得相对较高的价值谁就需要支付相对于另一边用户更高的平台费用。在上面 A 市场被约束的情况中 A 市场的用户无其他市场可交易，因此相对价值为零，所以平台对其免费开放。

Schiff 的数量模型存在一个问题就是当 A、B 市场同时被约束时的情况，平台该如何定价。Schiff 并没有对其进行解释，只是一笔带过。另一方面陈宏民认为 Schiff 的数量模型是直接以一边市场的规模来衡量用户获得的网络外部性收益，这种假设方法忽略了两边用户的差异程度，若两边的用户差异程度不同，那么仅仅用产品的偏好差异参数 σ 表示是不行的，还需要将用户之间的差异化程度对另一边用户的规模进行修正才能反应以便用户获得的网络外部性收益。[71]

5.1.3 垄断平台的价格模型

以 Armstrong 为代表，一些学者从价格的角度构建模型，开辟了一个不同于以上两种模型的分析思路。Armstrong 的价格模型以城市黄页的特征为例，

通过对此类型的双边市场的抽象,形成了一个较为完善的分析框架,下面对此模型做具体介绍:[155]

平台厂商两边市场的用户分别用 A、B 表示。假设用户仅仅关注平台厂商拥有的另一边市场的用户数量,而不关注本边市场的用户数量。① 假设平台厂商的用户的效用由下式所确定:

$$\begin{cases} U_A = \alpha_A n_B - P_A \\ U_B = \alpha_B n_A - P_B \end{cases} \tag{5-15}$$

式中,U_A、U_B 分别表示 A、B 边的每一个用户通过平台进行交易所获得的效用;$\alpha_A(\alpha_B)$ 表示用户 $A(B)$ 通过平台与用户 $B(A)$ 发生每一笔交易所获得的收益;n_A、n_B 表示平台 A、B 边的用户总数;P_A、P_B 为平台商对 A、B 边的用户所制定的价格。由(5-15)式可推得:

$$\begin{cases} P_A = \alpha_A n_B - U_A \\ P_B = \alpha_B n_A - U_B \end{cases} \tag{5-16}$$

假设双边市场用户的需求函数为 $\phi(\cdot)$,则 A、B 两边的需求函数可表示为:

$$\begin{cases} n_A = \phi_A(U_A) \\ n_B = \phi_B(U_B) \end{cases} \tag{5-17}$$

再假设平台厂商为 A、B 用户提供服务的单位成本分别为 f_A 和 f_B。则平台厂商的利润函数可表示为:

$$\pi = n_A(P_A - f_A) + n_B(P_B - f_B) \tag{5-18}$$

将(5-16)和(5-17)代入(5-18)平台厂商的利润表达函数可变为:

$$\pi = \phi_A(U_A)\left[\alpha_A \phi_B(U_B) - U_A - f_A\right] + \phi_B(U_B)\left[\alpha_B \phi_A(U_A) - U_B - f_B\right] \tag{5-19}$$

由平台厂商利润最大化的条件可得:

---

① Armstrong 为了简化分析,忽略了用户对同边市场的关注,即:忽略了同边市场的网络外部性。

$$
\begin{cases}
\partial\pi/\partial U_A = [(\alpha_A + \alpha_B)\phi_B(U_B) - f_A - U_A]\phi'_A(U_A) - \phi_A(U_A) = 0 \\
\partial\pi/\partial U_B = [(\alpha_A + \alpha_B)\phi_A(U_A) - f_B - U_B]\phi'_B(U_B) - \phi_B(U_B) = 0
\end{cases}
$$

$$(5\text{-}20)$$

将(5-16)、(5-17)代入上式,便得到利润最大化下平台厂商的定价表达式:

$$
\begin{cases}
P_A = \phi_A(U_A)/\phi'_A(U_A) + f_A - \alpha_B n_B \\
P_B = \phi_B(U_B)/\phi'_B(U_B) + f_B - \alpha_A n_A
\end{cases}
$$

$$(5\text{-}21)$$

Armstrong 以城市黄页为基础,通过价格与效用表达式的变换推导出平台商的定价表达式,模型较为直观。不过,该模型并没有考虑用户加入平台并进行交易后获得的收益是否存在区别,这是与数量模型之间的一个不同。

5.2 垄断型市场结构下机场的定价模型及推导

通过上面一节的模型论述及比较,针对垄断型的市场结构性质,本节拟采用价格模型来探讨机场的定价策略。由于对于早期的垄断机场而言,非航空性经营的发展并不常见,因而,本节所推导的定价模型是基于双边市场而定的。又由于 Armstrong 的价格模型较之前面的两种模型存在较少的缺陷,且Armstrong 的价格模型比较直观,简单易懂,便于理解,能够较好地表达机场的定价情况。因此,接下来就在 Armstrong 价格模型的框架下进行机场定价模型的设定:

(1) 机场作为一个平台商面对两个客户市场,航空公司和乘客。为了简化起见,用 A 表示航空公司市场,B 表示乘客市场。双方市场的用户只关注对方市场的用户数量,而不关注本方市场的用户数量。[①]

(2) A、B 两市场的用户所获得的效用分别记为:U_A 和 U_B。

───────────────

① 这是 Armstrong 为了简化分析而进行的一种假设。

（3）A、B 两市场的用户数量记为：N_A 和 N_B。他们的数值与他们获得的收益有关，即：

$$\begin{cases} N_A = f_A(U_A) \\ N_B = f_B(U_B) \end{cases} \tag{5-22}$$

（4）机场对 A、B 两市场的收费分别为 P_A 和 P_B，P_A 为注册费，P_B 为使用费。于是，可以假设乘客的预期交易次数在 $[0,t]$ 上均匀分布，这样乘客的期望效用为：

$$U_B = \alpha_B N_A - P_B(t/2) \tag{5-23}$$

于是 P_B 可表示为：

$$P_B = (2/t)(\alpha_B N_A - U_B) \tag{5-24}$$

而对于 A 用户的效用为：

$$U_A = \alpha_A N_B - P_A \tag{5-25}$$

于是 P_A 可表示为：

$$P_A = \alpha_A N_B - U_A \tag{5-26}$$

其中 $\alpha_A(\alpha_B)$ 为 $A(B)$ 用户通过机场与 $B(A)$ 发生每一笔交易所获得的收益。

再假设每位乘客都会到机场交易且在机场中只能搜索到唯一的航空公司与之交易[1]，乘客搜索到合适的航空公司的概率是 λ，$\lambda \in (0, 1]$[2]。由于乘客的交易次数在 $(0, t]$ 上均匀分布，所以可以取 $t/2$ 作为乘客的预期交易次数，这样所有乘客的预期交易数为：$(t/2)\lambda N_B$。

（5）机场服务于航空公司和乘客的成本分别记为：C_A 和 C_B。由于机场为了满足飞机起降所投入的基础设施费用的数额非常庞大，对航空公司的其他服

---

[1] 对于理性的乘客来说，一般每次乘坐飞机只会购买一个航空公司的机票，但是他可以多次乘坐不同航空公司的飞机。也就是说 t 可以大于1，但他每次只和一个航空公司交易。

[2] λ 代表机场匹配能力。

务费用与之相比微乎其微,也就是说机场对航空公司的服务成本主要是一些不变的固定成本,因此为了公式推导的方便,可以将 C_A 略去,这并不影响模型结论的获得;对于机场为乘客所提供的服务的预期成本可用下式来表示:

$$C_B = C_t \times (t/2)\lambda N_B \tag{5-27}$$

其中 C_t 为单位交易中机场为旅客的服务成本, $C_t \geqslant 0$。

模型假设的图示见图 5-1。

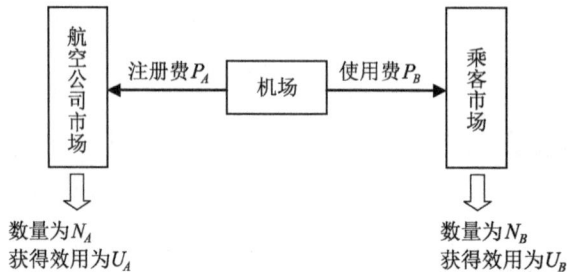

图 5-1 模型假设图示

于是机场所获得的总收入可表示为:

$$\pi = N_A P_A + (t/2)\lambda N_B (P_B - C_t)$$
$$= f_A(U_A)[\alpha_A f_B(U_B) - U_A] + (t/2)\lambda f_B(U_B)\{(2/t)[\alpha_B f_A(U_A) - U_B] - C_t\} \tag{5-28}$$

由平台实现利润最大化时的条件是 π 对 U_A 和 U_B 的偏导数为零,于是可得到下列表达式:

$$\begin{cases} \dfrac{\partial \pi}{\partial U_A} = f'_A(U_A)\alpha_A f_B(U_B) - f_A(U_A) - U_A f'_A(U_A) + \lambda f_B(U_B)\alpha_B f'_A(U_A) \\ \qquad = 0 \\ \dfrac{\partial \pi}{\partial U_B} = f_A(U_A)\alpha_A f'_B(U_B) + \lambda f'_B(U_B)\alpha_B f_A(U_A) - \lambda f_B(U_B) - \lambda U_B f'_B(U_B) \\ \qquad - (t/2)\lambda C_t f'_B(U_B) = 0 \end{cases}$$

$$\tag{5-29}$$

等式两边分别提取 U_A、U_B 得：

$$\begin{cases} U_A = (\alpha_A + \lambda\alpha_B) f_B(U_B) - \dfrac{f_A(U_A)}{f'_A(U_A)} \\[3mm] U_B = [(1/\lambda)\alpha_A + \alpha_B] f_A(U_A) - \dfrac{f_B(U_B)}{f'_B(U_B)} - (t/2)C_t \end{cases} \tag{5-30}$$

(5-30)式便是机场利润最大化下航空公司和乘客的效用表达式。将(5-26)式和(5-24)式代入(5-30)式可得：

$$\begin{cases} P_A = \dfrac{f_A(U_A)}{f'_A(U_A)} - \lambda\alpha_B N_B \\[3mm] P_B = (2/t)\left[\dfrac{f_B(U_B)}{f'_B(U_B)} - (1/\lambda)N_A\alpha_A + (t/2)C_t\right] \end{cases} \tag{5-31}$$

(5-31)式便是机场对航空公司和乘客的定价表达式。又由于：

$$\begin{cases} \dfrac{f_A(U_A)}{f'_A(U_A)} = \dfrac{f_A(\alpha_A N_B - P_A)}{f'_A(\alpha_A N_B - P_A)} \\[3mm] \dfrac{f_B(U_B)}{f'_B(U_B)} = \dfrac{f_B(\alpha_B N_A - P_B(t/2))}{f'_B(\alpha_B N_A - P_B(t/2))} \end{cases} \tag{5-32}$$

如果引入需求的价格弹性：

$$\begin{cases} \eta_A = \dfrac{f'_A(P_A)}{f_A(P_A)} = \dfrac{f'_A(\alpha_A N_B - P_A)}{f_A(\alpha_A N_B - P_A)} \\[3mm] \eta_B = \dfrac{f'_B(P_B)}{f_B(P_B)} = \dfrac{f'_B(\alpha_B N_A - P_B(t/2))}{f_B(\alpha_B N_A - P_B(t/2))} \end{cases} \tag{5-33}$$

则(5-32)式可化为：

$$\begin{cases} P_A = \dfrac{1}{\eta_A} - \lambda\alpha_B N_B \\[3mm] P_B = (2/t)\left(\dfrac{1}{\eta_B} - \dfrac{1}{\lambda}\alpha_A N_A\right) + C_t \end{cases} \tag{5-34}$$

(5-34)即为引入需求的价格弹性后机场的定价表达式。从该表达式中可以提炼出机场定价策略的各影响因素的影响情况,汇总后可得表5-1。

表 5-1　机场定价策略的各影响因素的影响情况总结

影响因素	P_A（机场对航空公司的定价）		P_B（机场对乘客的定价）	
	正向相关	负向相关	正向相关	负向相关
η_A（航空公司需求的价格弹性）	—	*	—	—
η_B（乘客需求的价格弹性）	—	—	—	*
t（乘客期望交易次数）	—	—	—	*
α_A（航空公司网络外部性参数）	—	—	—	*
α_B（乘客网络外部性参数）	—	*	—	—
C_t（机场对乘客的服务成本）	—	—	*	—
λ（机场匹配能力）	—	—	*	—

注:"＊"表示存在影响;"—"表示不存在影响。

5.3　模型结论

本章以平台经济为分析框架,以双边市场理论为研究基础,通过对机场作为平台与经典平台相对比而具有的特性的分析,并在已有文献的基础上,构建和扩展 Armstrong 价格模型,从效用、价格及需求的价格弹性等几个方面进行了理论研究和数理推导,并最终获得了垄断机场对两边市场的定价表达式(5-34)。通过对式(5-34)的分析,可获得如下结论:

结论 1:机场对航空公司和乘客的定价分别与航空公司和乘客的需求的价格弹性有关,而且是一种负相关关系。

结论 2:预期交易次数将影响机场对乘客的定价,而机场对航空公司的定价将不受影响。

结论 3:机场对双边市场的定价都与各边市场与另一边市场发生交易所获得的收益有关,而且是一种逆向关系。

结论 4:机场对乘客的定价与机场的服务成本以及机场的匹配能力正相关。这是因为:首先,机场的服务人员大多都是为乘客服务的,服务成本的提升会导致机场对乘客收费的增加,因此机场对乘客的定价与机场的服务成本正相关;其次,机场的匹配能力体现在航班信息的搜寻难易程度、机场交通的便利程度等方面。而这些匹配能力的提高是需要机场付出相当大的成本的,因此匹配能力的提高将增加机场的成本,而机场又可通过对乘客的定价将这一部分成本转移到乘客身上,所以机场对乘客的定价也与机场的匹配能力正相关。

结论 5:在 $\eta_A = \eta_B$ 及 $\alpha_A = \alpha_B$ 的假设下,有 $P_B > P_A$。证明如下:

对于机场这一特殊的平台来说,平台两边客户的数量差别是极其巨大的,也就是说 $N_B \gg N_A$,由于 $\lambda \in (0,1]$,$t \in [0,1]$ 以及 $C_t \geqslant 0$,假设 $P_A \geqslant 0$,$P_B \geqslant 0$,在平台两边市场用户的需求价格弹性和他们与对方市场用户发生每一笔交易所获得的收益相等的情况下,可以得出:

$$
\begin{aligned}
&\left[(2/t)\left(\frac{1}{\eta_B} - \frac{1}{\lambda}\alpha_A N_A\right) + C_t\right] > (2/t)\left(\frac{1}{\eta_B} - \frac{1}{\lambda}\alpha_A N_A\right) > \left(\frac{1}{\eta_B} - \frac{1}{\lambda}\alpha_A N_A\right) \\
&> \left(\frac{1}{\eta_B} - \alpha_A N_A\right) > \left(\frac{1}{\eta_A} - \alpha_B N_B\right)
\end{aligned}
$$

$$(5-35)$$

即:$P_B > P_A$。

5.4 本章小结

本章的行文目的是推导垄断的市场结构下机场的定价机理,具体说来包含了机场的定价模型、价格表达式、影响因素以及管理启示这四层目标。本章的行文结构如下:首先介绍垄断平台定价模型的经典类型,通过经典模型的论述以及优缺点的分析,筛选出本章可选用的模型,即 Armstrong 价格模型。

经过对模型的改进及推导,本书获得了五条结论。这些结论主要反映在机场制定价格时,参数变化对其的影响,这种影响主要体现在价格的正负上。另外 $P_B > P_A$ 并不是不可能,这种价格结构正是平台经济学中热议的话题。

6 基于平台经济的竞争机场定价机理

在上一章中,本书分析了垄断型市场结构下机场的定价机理,包括了机场的定价模型、价格表达式以及影响因素这三个层次。通过对垄断机场定价机理的分析,本书获得了具有平台特征的机场的定价策略。参照上一章的分析方法和研究思路,本章将在竞争型的市场结构下,仍然按照定价模型、价格表达式和影响因素这三个层次进行分析,以期为决策者打开管理思路,带来新的管理方案。

6.1 竞争性平台的定价模型

6.1.1 竞争性平台的一般模型

关于平台之间竞争的研究,在网络产业方面早已经大量展开,但是这些研究都忽略了多边性以及价格分配的问题。另一方面,关于竞争的多边产品定价研究又仅仅探讨了产品之间定价决策的相互依赖性,却没有考虑到关联外部性。因此在前人研究分析成果总结的基础之上,徐晋提出了一个能够涵盖多边市场产业特征和共同元素的基础模型[117],下面就对这一基础模型进行介绍:

(1) 假设条件

经济价值是由成对的最终用户(买家和卖家)之间的"互动"或"交易"创造的,平台是交易的中介。两个平台参与竞争,吸引市场双边的用户。平台一项交易的边际成本用 c 表示,$c \geqslant 0$。

买家和卖家是异质的,买家和卖家从交易获得的利益不同,而且都是私人信息。当用户在平台 i 上发生交易时,获得的利益为 b_i^B(买家)和 b^S(卖家,为了简单起见,徐晋假定卖家的总剩余不依赖于交易平台,所以卖家利益没有标下标)。

假设平台厂商的固定成本为零,平台对用户收取的费用为 P_i^B(买家) 和 P_i^S(卖家)。如果 $b_i^B > P_i^B$,则买家原意在平台 i 上交易。如果 $b_j^B - P_j^B > b_i^B - P_i^B$,则买家会选择在 j 平台上交易。同样卖家也有类似的考虑。

考虑一对买家和卖家。不失一般性,假设每对买家、卖家对应一项潜在交易。但是,只有当双方至少有一个共同的平台时,交易才会发生,也就是至少存在一个平台使双方都愿意在此平台上交易。如果双方都存在"多属"行为,那么双方都将选择一个优先平台进行交易,即如果一个卖家在两个平台上多属,那么买家所选择的平台就是交易发生的平台。

(2) 买家的行为分析

首先推导卖家单属及多属时,他在平台上面临的需求。由以上的假设可以推出买家的"准需求函数"①可表示为:

$$\begin{cases} D_i^B(P_i^B) = \Pr(b_i^B - P_i^B > 0) \\ d_i^B(P_i^B,\, P_j^B) = \Pr[b_i^B - P_i^B > \max(0,\, b_j^B - P_j^B)] \end{cases} \tag{6-1}$$

其中 D_i^B 表示当卖家在平台 i 单归属时,选择使用平台 i 的买家的数量(归一化表示)。d_i^B 代表当卖家多属时,选择平台 i 交易的买家的数量。根据准需求函数的价格结构理论,也就是说卖家单属时与多属时相比,平台 i 的买家数量不会减少②,但是同时不多于多属时买家数量之和,即:$d_i^B \leqslant D_i^B \leqslant \sum d_i^B$。

假设 (b_1^B, b_2^B) 的分布是对称的,这就意味着需求函数也是对称的,那么无论卖家是单属还是多属,平台之间的买家数量是相等的,对于一个对称的价格结构,下面以指数的形式表示:

$$\sigma = 2 - \frac{D^B}{d^B} \tag{6-2}$$

---

① 上文中曾提到"准需求价格弹性",这里的"准需求函数"与之类似,是"在另一边市场的需求确定的情况下的需求函数"。

② $\Pr(b_i^B - P_i^B > 0) \geqslant \Pr[b_i^B - P_i^B > \max(0,\, b_j^B - P_j^B)]$

其中 σ 衡量的是只愿意在他们偏好的平台上交易的买家的比例,称为"单属指数", $\sigma \in [0, 1]$ 。当买家面临的需求不取决于卖家是否多属时,买家面临的需求是卖家多属时的 2 倍,此时单属指数为 0。相反,当买家面临的需求依赖于卖家的多属时,买家面临的需求无差异,此时的单属指数等于 1。

(3) 卖家的行为分析

假设平台 1 对于卖家较便宜,即: $P_1^S < P_2^S$ 。具有收益为 b^S 的卖家面临三种可能性:不交易、单归属、多归属。当 $b^S \leqslant P_1^S$ 时,卖家将会选择不交易。反之,则在单归属和多归属之间进行选择,也就是在较低交易量(单归属)与较高交易量(多归属)之间进行选择。收益为 b^S 的卖家在单属和多属时的预期净盈余分别为 $(b^S - P_1^S)D_1^B(P_1^B)$ 和 $(b^S - P_1^S)d_1^B(P_1^B, P_2^B) + (b^S - P_2^S)d_2^B(P_1^B, P_2^B)$ 。当 b^S 足够大,单属的预期净收益大于多属时的预期净收益,此时卖家就会选择单属策略,公式推导如下:

$$(b^S - P_1^S)D_1^B > (b^S - P_1^S)d_1^B + (b^S - P_2^S)d_2^B \Rightarrow b^S D_1^B - P_1^S D_1^B > b^S d_1^B +$$

$$b^S d_2^B - P_1^S d_1^B - P_2^S d_2^B \Rightarrow b^S > \frac{P_1^S(D_1^B - d_1^B) - P_2^S d_2^B}{D_1^B - d_1^B - d_2^B}$$

$$(6-3)$$

令 $b_{12} = \dfrac{P_1^S(D_1^B - d_1^B) - P_2^S d_2^B}{D_1^B - d_1^B - d_2^B}$,则当 $b^S > b_{12}$ 时,卖家就会选择单属策略。

因此卖家的最优决策可以总结为:当 $b^S \leqslant P_1^S$ 时,卖家不交易;当 $b^S > b_{12}$ 时,卖家将会选择单属策略;当 $P_1^S < b^S \leqslant b_{12}$ 时,卖家将选择多属策略。

(4) 平台的交易量

假设 $P_1^S \leqslant P_2^S(P_1^S > P_2^S$ 的情况同理可得),由于交易量是价格的函数,因此卖家的"准需求函数"可表示为:

$$D^S(P^S) - \mathrm{P_I}(b^S > P^S)$$

$$(6-4)$$

由前面的分析可知,多属的卖家数为 $D^S(b_{12})$,在平台 1 单归属的卖家数为 $D^S(P_1^S) - D^S(b_{12})$ 。假设卖家和买家相遇的概率与他们的收益类型无关,平台 1 的预期总交易量为:

$$Q_1 = d_1^B(P_1^B, P_2^B)D^S(b_{12}) + D_1^B(P_1^B)[D^S(P_1^S) - D^S(b_{12})] \quad (6\text{-}5)$$

平台 2 的预期交易量为：

$$Q_2 = d_2^B(P_1^B, P_2^B)D^S(b_{12}) \quad (6\text{-}6)$$

（5）私有竞争平台的定价策略

在前面的假设及分析的基础上，并假设平台选择价格的目的是利润最大化，可以得到平台 1 的利润函数：

$$\pi_1 = (P_1^B + P_1^S - C)Q_1 \quad (6\text{-}7)$$

通过对利润函数求偏导，在一阶条件下可以得到定价的表达式：

$$\frac{\partial \pi_1}{\partial P_1^S} = \frac{\partial \pi_1}{\partial P_1^B} = -\frac{Q_1}{P_1^S + P_1^B - C} \quad (6\text{-}8)$$

（6）线性需求下的竞争策略

徐晋利用稍加改进的 Hotelling 模型分析了线性需求下的竞争策略，分析如下：

买家选择平台的偏好以他在直线上的位置 x 代表。平台 1 和平台 2 是对称的，并与原直线的距离为 $\Delta/2$（平台 1 为 $x = -\Delta/2$，平台 2 为 $x = \Delta/2$）。参数 Δ 表示两个平台的可替代程度。买家也可选择其他平台（以另外两个对称的平台 $1'$ 和 $2'$ 表示），这时平台 $1'$ 和 $2'$ 处于离原直线更远的位置（$x = -\Delta/2 - \delta$ 和 $x = \Delta/2 + \delta$），并且他们收取相同的、外生的价格 P_0。这里的参数 δ 将视为"独特客户"加权度量值。当使用位于 d 处的一个平台时，买家产生的运输成本为 $d^2/2$（不失一般性地假设运输成本服从标准正态分布）。

假设买家均匀分布在同一条直线上，设 $T = P_0 + \dfrac{\delta(\Delta + \delta)}{2}$，那么准需求函数为：

$$\begin{cases} d_1^B(P_1^B, P_2^B) = \dfrac{P_2^B - P_1^B}{\Delta} + \dfrac{T - P_1^B}{\delta} \\ D_1^B(P_1^B) = (T - P_1^B)\left(\dfrac{1}{\delta} + \dfrac{1}{\delta + \Delta}\right) \end{cases} \quad (6\text{-}9)$$

同理，d_2^B 和 D_2^B 的表达式由对称性可得。

除了上述介绍的私有竞争平台以及线性需求下的竞争外，徐晋还给出了私人垄断的价格结构、拉姆齐价格结构、联会之间的竞争等定价情况，可以说涵盖了多边市场产业特征和共同元素。当然该模型也存在许多令人费解之处，比如私有竞争平台的定价策略结果 $\dfrac{\partial \pi_1}{\partial P_1^S} = \dfrac{\partial \pi_1}{\partial P_1^B} = -\dfrac{Q_1}{P_1^S + P_1^B - C}$ 是怎样获得的[①]，线性需求下的竞争策略中准需求函数是怎样推导出来的，不从得知。

6.1.2 多属的 Hotelling 模型

Farrell 和 Saloner 运用标准的 Hotelling 模型分析了网络效应的竞争特性，[156]其模型可为本书模型的构建提供可借鉴之处。下面对其模型进行简单的介绍：

存在两个对称的企业 1 和 2，向消费者提供不兼容的服务。每个企业要向消费者提供服务的边际成本为 f。消费者可以从企业 1 和 2 获得服务，或者在可能的情况下从两个企业同时获得服务，即采取多属策略。购买服务为消费者提供了网络效用，该网络收益是同时购买相同企业服务的消费者数量的函数。

根据他们的网络规模的边际价值，有两种类型的消费者。有 λ 比例的消费者认为网络收益的价格比较高（高类型），具有 $b = b_H$ 的收益；剩余的 $1 - \lambda$ 部分消费者认为网络的价值不高（低类型），具有 $b = b_L$ 的收益。很明显：$b_H > b_L$，$0 < \lambda < 1$。

消费者从单个企业中得到内在的价值为 v。假定 v 充分高以至于所有的消费者都需要依附至少一个企业。很显然，如果内在价值被复制出，一些消费者将购买多属产品，只要商品的总价格低于联合内在收益。（由于多属行为产生的原因很多，该文仅考虑多属是由网络收益所引起的，且集中关注内在收益不能被复制的情况）

两企业以标准 Hotelling 方式存在，他们位于长度为 1 的线性城市的两端，消费者均匀地分布在 $[0, 1]$ 之间。假定两企业出售相同的产品，单位产品的

---

① 原文是 $\dfrac{\partial Q_1}{\partial P_1^S} = \dfrac{\partial Q_1}{\partial P_1^B} = -\dfrac{Q_1}{P_1^S + P_1^B - C}$，作者认为可能是印刷错误。

成本都是 c ,消费者购买商品的旅行成本与到企业的距离成比例,单位距离的成本为 t ,这样,住在 x 处的消费者若去企业 1 购买产品则要花费 tx 的运输成本,去企业 2 则要花费 $t(1-x)$ 的成本。

总之,当他从企业 1 购买位于 $x \in [0, 1]$ 的消费者类型的净效用为:

$$U_i(x, b, N_i) = v - P_i - T_i(x) + bN_i \tag{6-10}$$

其中, $i=1, 2$; N_i 代表消费者的总数量,这些消费者通过购买企业 1 的产品而接触企业, P_i 是企业 i 的注册价格。当一个消费者采取多属策略时,他与两个企业都建立了联系,他得到的净效用为:

$$U(x, b, N) = v - \sum P_i - \sum T_i(x) + bN \tag{6-11}$$

其中 N 代表同时到达两个企业的消费者的总数。多属消费者的效用能够进一步简化为:

$$U(x, b, N) = v - \sum P_i - t + b \tag{6-12}$$

这里假定 $N=1$ 。

由于消费者必须具有关于其他消费者如何行动的信息才能够评估其从服务提供商处得到的价值。因此假定消费者具有理性期望,即:在给定的价格下每个消费者正确地预测每个服务提供商。企业在阶段 1 设定价格,在阶段 2 消费者注册一个或两个企业,能够达到完全子博弈均衡。

令 s_i 表示高类型中从属于企业 1 的比重, n_i 表示低类型中从属于企业 1 的比重。由于存在 λ 比例的高类型,其中有 s_i 部分注册于企业 1,有 $1-\lambda$ 比例的低类型,其中有 n_i 部分注册于企业 1,因此企业 1 可以达到的消费者总数是: $N_1 = \lambda s_1 + (1-\lambda)n_1$;同理企业 2 可以达到的消费者总数是: $N_2 = \lambda s_2 + (1-\lambda)n_2$ 。现假设 $b_L < \beta < t$,则可以排除一些低类型的多属情况(增加的运输成本超过他们从网络收益中获得的好处)。作者集中分析了所有低类型单边均衡状态和所有高类型的多属行为。即所有低类型单属,所有高类型多属。此时有 $s_i=1$, $N_1 = \lambda + (1-\lambda)n_i$,即所有的高类型和一部分低类型从属于企业 1。因此一个位于 x 处的消费者所获得的效用为:

如果他独自依附于企业 1,则

$$U_1(x, b, N_1) = v - P_1 - tx + b[\lambda + (1-\lambda)n_1] \qquad (6-13)$$

如果他独自依附于企业 2,则

$$U_2(x, b, N_2) = v - P_2 - t(1-x) + b[\lambda + (1-\lambda)(1-n_1)]$$

$$(6-14)$$

如果他依附于两个企业时,则

$$U(x, b, N) = v - P_1 - P_2 - t + b \qquad (6-15)$$

依附于企业 1 的单属消费者的比重即 n_1 可以通过解下列方程得到:

$$U_1(n_1, b_L, N_1) = U_2(n_2, b_L, N_2) \qquad (6-16)$$

其中 $n_2 = 1 - n_1$。由依附于企业 1 的单属消费者的比重可以得到企业 1 的利润函数 π_1,然后利用一阶条件便可以得出价格的表达式。

Farrell 和 Saloner 巧妙地运用了高类型和低类型的比例来完成对消费者单属和多属行为的判断,该模型的设置可以为本书的研究提供借鉴,因此下面便利用竞争性平台的一般模型和多属的 Hotelling 模型对本章要解决的问题进行分析。

6.2　竞争型市场结构下机场定价策略

由于竞争型的市场结构特征,航空运输市场中存在"许多"[①]机场;他们所提供的服务相近但又具有差别,这种差别来自机场的地理位置、交通的便利情况以及机场所提供的网络外部性的多少;不存在哪家机场的市场份额能够左右整个航空运输市场。在此基础上本节对机场平台进行如下设定:

(1) 假设存在两个对称的机场 1、2,他们位于长度为 1 的两个线性城市的

---

① 由于航空运输市场的特性,这里可理解为对于乘客、航空公司和零售商来说,在他们的可选择范围内,他们可以选择的机场数目不小于 1。

两端,向两城市提供航空平台服务。

(2)由于机场所提供的服务具有差别性,那么机场的顾客(这里指航空公司、乘客和零售商)就存在多属行为的可能。由前面章节的分析可知:一般而言航空公司会采取多属策略、零售商采取部分归属策略而乘客采用单归属策略。

(3)记 A 表示航空公司市场,B 表示乘客市场,C 表示零售商市场。A 和 B 的网络规模边际价值分别为 b_A 和 b_B。由于 C 具有部分多属的参与策略,因此继续假设有 λ 比例的零售商认为网络收益的价值比较高,也就是 Farrell 和 Saloner 所谓的"高类型",所以就有 $1-\lambda$ 比例的"低类型"。高类型网络规模的边际价值为 b_H,低类型的网络规模的边际价值为 b_L,且 $b_H > b_L$。令 $k=1$,2。高类型中有 S_k 从属于机场 k,低类型中有 n_k 从属于机场 k。

(4)零售商的仓库或是进货地,位于距离机场 1 的 x 的位置,$x \in [0,1]$,平均单位交通运输成本为 C_C。乘客位于机场 1 和 2 之间的某一位置,距离机场 1 的距离为 y,$y \in [0,1]$,平均单位交通运输成本为 C_B,图形表示如图 6-1 所示。

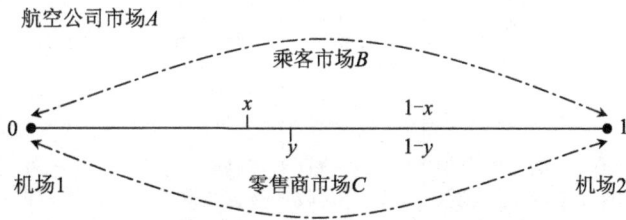

图 6-1 两相邻机场的平台竞争

(5)机场对航空公司和零售商的收费方式采用注册收费,注册费为 P_A^K 和 P_C^K,而机场对乘客的收费方式采取使用收费,使用费用为 P_B^k。

(6)乘客与航空公司的预期交易次数在 $[0, t_1]$ 上均匀分布,乘客与零售商的预期交易次数在 $[0, t_2]$ 上均匀分布。

(7)航空公司在机场 k 归属的数量为 N_A^k(归属数量为单归属数量与多归属数量之和),由于航空公司没有单归属,所以多归属数量还是 N_A^k;乘客在机

场 k 单归属人数记为 n_B^k；零售商在机场 k 单归属的数量为 n_C^k，零售商总数为 N_C。

（8）记 A 和 B 在机场 k 上交易所获得的效用分别为 U_A^k 和 U_B^k，C 在机场 k 单归属的效用为 U_C^k，C 在两机场多归属的效用为 U_C^{12}。

（9）航空公司、乘客和零售商从交易中所获得的内在价值分别为 V^A、V^B 和 V^C，并假设这一内在价值足够大，以至于航空公司、乘客和零售商至少都需要与一个交易对象交易。

为了方便观阅，下面把推导中所用符号代表的含义归纳如表 6-1 所示。

表 6-1　推导中所用符号代表的含义

符号	A	B	C	b_A	b_B	λ
含义	航空公司市场	乘客市场	零售商市场	航空公司的网络边际价值	乘客的网络边际价值	零售商中高类型所占比重
符号	b_H	b_L	S_k	n_k	x	C_C
含义	高类型网络规模的边际价值	低类型网络规模的边际价值	零售商从属于机场 k 的高类型的比重	零售商从属于机场 k 的低类型的比重	零售商的仓库或是进货地离机场 1 的距离	零售商的平均单位交通运输成本
符号	y	C_B	P_A^k	P_B^k	P_C^k	t_1
含义	乘客所在地离机场 1 的距离	乘客的平均单位交通运输成本	机场 k 对航空公司收取的注册费	机场 k 对乘客收取的使用费	机场 k 对零售商收取的注册费	乘客与航空公司的预期交易次数的区间上限
符号	N_A^k	n_B^k	n_C^k	N_C	U_A^k	U_B^k
含义	航空公司在机场 k 归属的数量	乘客在机场 k 单归属人数	零售商在机场 k 单归属的数量	零售商总数	航空公司在机场 k 上交易所获得的效用	乘客在机场 k 上交易所获得的效用
符号	U_C^k	U_C^{12}	V^A	V^B	V^C	
含义	C 在机场 k 单归属的效用	C 在两机场多归属的效用	航空公司从交易中所获得的内在价值	乘客从交易中所获得的内在价值	零售商从交易中所获得的内在价值	

由于两机场之间存在竞争,因此本书仅针对两机场竞争均衡时机场定价的策略进行考察,又由于机场 1 与机场 2 是对称的,因此下面只针对机场 1 进行定价策略的分析:

由于零售商存在部分多属的情况,因此下面先从零售商开始推导机场的定价表达式。在分析零售商的效用表达式之前,为了研究的方便,需要做一个简化的假设:所有的高类型的零售商都采取多属行为,所有的低类型的零售商都采取单归属行为,因此 $S_k = 1$,由以上假设及简化假设可知零售商在机场 1 交易获得的效用表达式为:

$$\begin{cases} U_C^1 = V^C - P_C^1 - C_c x + b_L N_C \left[\lambda + (1-\lambda) n_1 \right] \\ U_C^2 = V^C - P_C^2 - C_c (1-x) + b_L N_C \left[\lambda + (1-\lambda) n_2 \right] \\ U_C^{12} = 2V^C - P_C^1 - P_C^2 - C_C + b_H N_C \lambda \end{cases} \quad (6\text{-}17)$$

竞争均衡时零售商在机场 1 和机场 2 单归属所获得的期望效用之和与在两机场多归属时获得的期望效用相等,且零售商在机场 1 与在机场 2 单归属所获得的期望效用相同:

$$\begin{cases} U_C^1 = U_C^2 \\ U_C^{12} = U_C^1 + U_C^2 \end{cases} \quad (6\text{-}18)$$

由 $U_C^1 = U_C^2$ 以及 $n_2 = 1 - n_1$ 可推出 P_C^1 的表达式:

$$P_C^1 = b_L N_C (1-\lambda)(2n_1 - 1) + C_c (1 - 2x) + P_C^2 \quad (6\text{-}19)$$

由 $U_C^{12} = U_C^1 + U_C^2$ 可以推出:

$$\lambda = b_L / (b_H - b_L) \quad (6\text{-}20)$$

将 (6-20) 代入 (6-19) 可得到竞争均衡时机场 1 对零售商的定价表达式:

$$P_C^1 = b_L N_C \frac{b_H - 2b_L}{b_H - b_L}(2n_1 - 1) + C_c (1 - 2x) + P_C^2 \quad (6\text{-}21)$$

下面再来分析乘客。乘客所采取的归属策略是单归属,他们在两机场上所获得的效用可表示为:

$$\begin{cases} U_B^1 = V^B - \dfrac{t_1}{2} P_B^1 - C_B y + b_B n_b^1 \\ U_B^2 = V^B - \dfrac{t_1}{2} P_B^2 - C_B (1-y) + b_B n_b^2 \end{cases} \tag{6-22}$$

同样两机场竞争均衡时乘客在机场 1 与在机场 2 单归属所获得的期望效用相等,于是可以推出 P_B^1 的表达式为:

$$P_B^1 = P_B^2 + \frac{2C_B(1-2y)}{t_1} + b_B \frac{2(n_B^1 - n_B^2)}{t_1} \tag{6-23}$$

最后来分析航空公司:航空公司由于运输活动的往返性,将采取多属的归属策略,他们在两机场上获得的效用可表示为:

$$\begin{cases} U_A^1 = V^A - P_A^1 + b_A N_A^1 \\ U_A^2 = V^A - P_A^2 + b_A N_A^2 \end{cases} \tag{6-24}$$

由于 $N_A^1 = N_A^2$,因此,两机场竞争均衡时航空公司在机场 1 与在机场 2 归属所获得的期望效用相等,于是可以推出 P_A^1 的表达式为:

$$P_A^1 = P_A^2 \tag{6-25}$$

归纳一下两机场竞争均衡时机场的定价策略:

$$\begin{cases} P_A^1 = P_A^2 \\ P_B^1 = P_B^2 + \dfrac{2C_B(1-2y)}{t_1} + b_B \dfrac{2(n_B^1 - n_B^2)}{t_1} \\ P_C^1 = b_L N_C \dfrac{b_H - 2b_L}{b_H - b_L}(2n_1 - 1) + C_C(1-2x) + P_C^2 \end{cases} \tag{6-26}$$

通过上面的分析可知,(6-26)式便是两机场竞争均衡时机场 1 的定价策略,同时还可以得出机场 1 定价策略的影响因素和影响情况,具体见表 6-2。

表 6-2 机场定价策略的影响因素及影响情况

	P_A^2	P_B^2	C_B	y	t_1	b_B	n_B^1	n_B^2	P_C^2	C_C	x	N_C	b_H	b_L	n_1
P_A^1	+	·	·	·	·	·	·	·	·	·	·	·	·	·	·
P_B^1	·	+	×	−	×	×	+	−	·	·	·	·	·	·	·
P_C^1	·	·	·	·	·	·	·	·	+	×	−	×	×	×	×

注:"+"表示正向相关,"−"表示逆向相关,"·"表示无相关性,"×"表示不能确定。

从以上模型推导所获得的定价策略中可以看出:

(1) 竞争对手的定价策略会影响到机场的定价,将促使相互竞争的机场之间存在一个保持价格变动方向一致的趋势。特别地,机场对航空公司的定价会与竞争对手完全同步。

(2) 机场对乘客的定价策略还关注于 C_B、y、t_1、b_B、n_B^1 和 n_B^2。其中机场对乘客的定价与 y 和 n_B^2 呈反向相关,因为乘客的交通成本会影响乘客前来机场乘机的意愿,距离乘客较远的、交通较不方便的机场只有通过降低收费来吸引乘客前来。在乘客的总数不变的情况下,竞争机场的乘客人数的增加将降低到本机场乘机的乘客数量,从而降低机场的网络效用,因此机场会随竞争机场乘客人数的增加来降低价格以吸引更多的乘客前来;机场对乘客的定价与 n_B^1 呈正向相关,这是因为去机场乘机的人数影响到乘客在机场这一平台交易所获得的网络效用,较高乘客网络效用可以促使机场向乘客收取较高的费用。

而机场对乘客的定价策略受 C_B、t_1 和 b_B 的影响却是不确定的,需要视具体的情况来定:首先看 t_1,当 $C_B(1-2y)+b_B(n_B^1-n_B^2)>0$ 时,机场对乘客的定价随 t_1 的增加而下降,即呈逆相关。当 $C_B(1-2y)+b_B(n_B^1-n_B^2)<0$ 时,机场对乘客的定价随 t_1 的增加而增加,即呈正相关;其次,再看 C_B,当 $(1-2y)<0$ 即 $y>1/2$ 时,机场对乘客的定价随 C_B 的增加而下降,即呈逆相关。当 $(1-2y)>0$ 即 $y<1/2$ 时,机场对乘客的定价随 C_B 的增加而增加,即呈正相关;最后,b_B 的影响随 n_B^1 和 n_B^2 的数值比较不同而不同,当 $n_B^1>n_B^2$ 时,机场对乘客的定价随 b_B 的增加而增加,即呈正相关,当 $n_B^1<n_B^2$ 时,机场对乘客的定价随 b_B 的增加而下降,即呈逆相关。

(3) 机场对零售商的定价策略还关注于 N_C、C_C、x、b_H、b_L 和 n_1。其中

P_C^1 与 x 呈逆相关，这是因为：x 与零售商的成本有关，较远的运输距离会增加零售商的成本，降低零售商参与机场平台交易的动机，因此机场对零售商的价格与零售商的进货距离呈逆相关关系。

而机场对零售商的定价策略受 b_H、b_L、N_C 和 n_1 的影响却是不确定的，需要视具体的情况来定：首先看 N_C，当 $(b_H - 2b_L)(2n_1 - 1)(b_H - b_L) > 0$ 时，机场对零售商的定价随 N_C 的增加而增加，即呈正相关。当 $(b_H - 2b_L)(2n_1 - 1)(b_H - b_L) < 0$ 时，机场对零售商的定价随 N_C 的增加而减少，即呈逆相关；其次，再看 b_H 和 b_L，当 $(2n_1 - 1) > 0$ 时，机场对零售商的定价随 b_H 的增加而增加，随 b_L 的增加而减少。当 $(2n_1 - 1) < 0$ 时，机场对零售商的定价随 b_H 的增加而减少，随 b_L 的增加而增加；再看 n_1，当 $b_H > 2b_L$ 时，机场对零售商的定价随 n_1 的增加而增加，即呈正相关。当 $b_H < 2b_L$ 时，机场对零售商的定价随 n_1 的增加而减少，即呈逆相关；最后再看 C_C，当 $1 - 2x > 0$ 即 $x < 1/2$ 时，机场对零售商的定价随 C_C 的增加而增加，即呈正相关。当 $x > 1/2$ 时，机场对零售商的定价随 C_C 的增加而减少，即呈逆相关。

6.3　本章小结

本章的行文目的是推导在竞争的市场结构下机场的定价机理，由于研究的相似性，本章所采取的行文方式与上一章基本相同，仍是定价模型、价格表达式、影响因素以及管理启示这四个层次。本章经过理论模型的筛选，最后选择了 Farrell 和 Saloner 所构建的 Hotelling 模型作为本书分析的基础模型，并对该模型进行了拓展，加入了第三边市场的情况。

经过模型的改进及推导，在竞争均衡的状态下，本章也获得了三条结论。与上一章的结论不同的是，这些结论明显地带有竞争性的味道，体现出了竞争给机场管理者在制定价格方面所带来的影响。本章依然列出了对机场制定价格策略产生影响的因素，这些影响因素有些对机场价格的制定是明确的，有些则需要根据具体的情况判断。

7 机场平台定价模型结论的实证检验

在上一章中,本书分析了竞争型市场结构下机场的定价机理,包括了机场的定价模型、价格表达式、影响因素以及管理启示这四个层次。通过平台经济的分析框架对两个竞争性的机场的定价策略进行了建模,并推导出了竞争均衡时的两机场的定价表达式。经过对定价表达式的分析获得了相关结论。

到此为止,本书已完成了对平台经济分析框架下机场定价的模型建立及推导。由于机场存在着区域垄断的特性,那么在机场间竞争不断加强的今天,机场依据自身的情况会采用哪种定价模型呢? 本章便采用实证的方法对此进行检验。

7.1 实证所需的理论模型

7.1.1 时间序列平稳性的检验

时间序列分析是计量经济学最为重要的内容之一,本书实证所需的数据就是一个时间序列,因此时间序列分析的相关模型对于本章来说是必不可少的。由于非平稳的时间序列会产生虚假回归的情况,因此时间序列的平稳性检验必不可少。平稳时间序列的检验方法有图示判断法、单位根检验法等,最常用的是单位根检验法中的 ADF(augment Dichey-Fuller test)检验。下面介绍 ADF 检验的基本思想。

ADF 检验通过如下三个模型完成:

$$\Delta X_t = \delta X_{t-1} + \sum_{i=1}^{m} \beta_i \Delta X_{t-i} + \varepsilon_t \tag{7-1}$$

$$\Delta X_t = \alpha + \delta X_{t-1} + \sum_{i=1}^{m} \beta_i \Delta X_{t-i} + \varepsilon_t \tag{7-2}$$

$$\Delta X_t = \alpha + \beta t + \delta X_{t-1} + \sum_{i=1}^{m} \beta_i \Delta X_{t-i} + \varepsilon_t \tag{7-3}$$

第三个模型中的 t 为趋势项,表示时间序列随时间变化的趋势。原假设为 $H_0: \delta = 0$。 检验顺序为从模型(7-3)式到模型(7-1)式,方法是采用 OLS 法估计,并计算 t 统计量的值,然后与 Mackinnon 所给的不同模型下的 ADF 分布临界值表进行比较,如果 t 统计量的值小于临界值,则拒绝原假设 $H_0: \delta = 0$,认为该时间序列不存在单位根,是平稳的。

7.1.2 向量自回归模型

由于多变量之间的协整关系检验一般是采用 JJ(Johansen & Juselius)检验的方法,而 JJ 检验又是建立在 VAR 模型(向量自回归模型)基础之上的[157],因此本节先介绍 VAR 模型的基本思想。

VAR 是基于数据的统计性质而建立的模型,VAR 模型把系统中每一个内生变量作为系统中所有内生变量的滞后值来构造模型,从而将单变量自回归模型推广到多元时间序列变量组成的“向量”自回归模型。滞后阶数为 p 的 VAR 模型表达式为

$$Y_t = A_1 Y_{t-1} + A_2 Y_{t-2} + \cdots + A_p Y_{t-p} + BX_t + \mu_t \tag{7-4}$$

其中,Y 是 k 维内生变量向量;BX_t 为 d 维外生变量向量;μ_t 是 k 维误差向量;A_1,A_2,$\cdots$,A_p 和 B 是待估系数矩阵。

滞后阶数为 p 的 VAR 模型表达式还可以表述为:

$$\tilde{y}_t = \tilde{A}_1 \tilde{y}_{t-1} + \tilde{A}_2 \tilde{y}_{t-2} + \cdots + \tilde{A}_p \tilde{y}_{t-p} + \tilde{\mu}_t \tag{7-5}$$

即:

$$\tilde{A}(L) \tilde{y}_t = \tilde{\mu}_t \tag{7-6}$$

其中:

$$\tilde{A}(L) = I_k - \tilde{A}_1 L_1 - \tilde{A}_2 L_2 - \cdots - \tilde{A}_p L_p \tag{7-7}$$

(7-6)式被称为非限制性向量自回归模型(Unrestricted VAR 模型),它是滞后算子 L 的 $k \times k$ 阶的参数矩阵。当行列式 $\left| \tilde{\boldsymbol{A}}_1(\boldsymbol{L}) \right|$ 的根都在单位圆外时,不含外生变量的非限制性向量自回归模型才满足平稳性条件。

7.1.3 Johansen 检验

由于 ADF 检验在第一阶段需要设计线性模型来进行 OLS 估计,应用方便性欠佳,因此 Johansen 与 Juselius 提出了一种以 VAR 模型为基础的检验回归系数的方法,即 Johansen 检验法,该方法是目前进行多变量协整检验的较好的方法。下面介绍 Johansen 检验的具体思路:

首先建立一个 VAR(p) 模型:

$$y_t = \Phi_1 y_{t-1} + \cdots \Phi_p y_{t-p} + H\boldsymbol{X}_t + \boldsymbol{\varepsilon}_t \tag{7-8}$$

其中 $t = 1, 2, \cdots, T$。y_t 的各分量都是非平稳的 $I(1)$ 变量;$\boldsymbol{X}_t$ 代表趋势项、常数项等确定性项,是一个 d 维外生向量;$\boldsymbol{\varepsilon}_t$ 是 k 维扰动向量。在式(7-8)两端减去 y_{t-1},经整理可得到下式:

$$\Delta y_t = \boldsymbol{\Pi} y_{t-1} + \sum_{i=1}^{p-1} \Gamma_i \Delta y_{t-i} + H\boldsymbol{X}_t + \boldsymbol{\varepsilon}_t \tag{7-9}$$

其中 $\boldsymbol{\Pi} = \sum_{i=1}^{p} \Phi_i - I$,$\Gamma_i = -\sum_{j=i+1}^{p} \Phi_j$。由于 $I(1)$ 过程经过差分变换将变成 $I(0)$ 过程,即式(7-9)中的 Δy_t,Δy_{t-j}($j = 1, 2, \cdots, p$)都是 $I(0)$ 变量构成的向量,那么只要 $\boldsymbol{\Pi} y_{t-1}$ 是 $I(0)$ 的向量,即 y_{t-j} 的各分量之间具有协整关系,就能保证 Δy_t 是平稳过程。y_{t-1} 的各分量之间是否具有协整关系主要依赖于矩阵 $\boldsymbol{\Pi}$ 的秩。设 $\boldsymbol{\Pi}$ 的秩为 r,则存在 3 种情况:$r = k$,$r = 0$,$0 < r < k$:

第一种情况:如果 $r = k$,显然只有当 y_{t-1} 的各分量都是 $I(0)$ 变量时,才能保证 $\boldsymbol{\Pi} y_{t-1}$ 是 $I(0)$ 变量构成的向量。而这与已知的 y_t 为 $I(1)$ 过程相矛盾,所以必然有 $r < k$。

第二种情况:如果 $r = 0$,这意味着 $\boldsymbol{\Pi} = 0$,因此(7-9)式仅仅是个差分方程,各项都是 $I(0)$ 变量,不需要讨论 y_{t-1} 各分量之间是否具有协整关系。

第三种情况：$0 < r < k$ 表示存在 r 个协整组合，其余 $k - r$ 个关系仍为 $I(1)$ 关系。在这种情况下，$\boldsymbol{\Pi}$ 可以分解成两个 $k \times r$ 阶矩阵 $\boldsymbol{\alpha}$ 和 $\boldsymbol{\beta}$ 的乘积：

$$\boldsymbol{\Pi} = \boldsymbol{\alpha\beta}' \tag{7-10}$$

其中 $R(\boldsymbol{\alpha}) = r$，$R(\boldsymbol{\beta}) = r$。将(7-10)代入(7-9)可得：

$$\Delta y_t = \boldsymbol{\alpha\beta}' y_{t-1} + \sum_{i=1}^{p} \Gamma_i \Delta y_{t-i} + HX_t + \boldsymbol{\varepsilon}_t$$

该式要求 $\boldsymbol{\beta}' y_{t-1}$ 为一个 $I(0)$ 向量，其每一行都是一个 $I(0)$ 组合变量，即每一行所表示的 y_{t-1} 各分量的线性组合都是一种协整形式。由于矩阵 $\boldsymbol{\beta}'$ 决定了 y_{t-1} 各分量之间协整向量的个数与形式，因此 $\boldsymbol{\beta}'$ 称为协整向量矩阵，r 称为系统中协整向量的个数、$\boldsymbol{\alpha}$ 称为调整参数矩阵。于是，将 y_t 中的协整检验变成对矩阵 $\boldsymbol{\Pi}$ 的分析问题。这就是 JJ 检验的基本原理。

7.1.4　灰色预测的理论模型

由于本章数据收集存在诸多困难，导致有些数据无法获得，因此文中还使用了灰色预测的理论模型，灰色预测的模型原理如下：

设 $X^{(0)} = (x^{(0)}(1), x^{(0)}(2), \cdots, x^{(0)}(n))$ 为原始序列，n 为原始序列数据的个数，D 为弱化算子。令 $X^{(0)}D = (x^{(0)}(1)d, x^{(0)}(2)d, \cdots, x^{(0)}(n)d)$。

其中 $x^{(0)}(k)d = \dfrac{1}{n-k+1}[x^{(0)}(k), x^{(0)}(k+1), \cdots, x^{(0)}(k+n)]$，$k = 1, 2, \cdots, n$。称 $X^{(0)}D = X = (x^{(1)}(1), x^{(1)}(2), \cdots, x^{(1)}(n))$ 为原始序列的 1-AGO 序列。

令 $Z^{(1)} = (z^{(1)}(2), z^{(1)}(3), \cdots, z^{(1)}(n))$，称 $Z^{(1)}$ 为 $X^{(1)}$ 的紧邻均值生成序列，其中，$z^{(1)}(k) = \dfrac{1}{2}[x^{(1)}(k) + x^{(1)}(k-1)]$，$k = 2, 3, \cdots, n$。

$$x^{(0)}(k) + az^{(1)}(k) = b \tag{7-11}$$

为 GM(1, 1) 模型的基本形式，$-a$ 为发展系数，b 为灰色作用量。

再设 $\dfrac{\mathrm{d}x^{(1)}}{\mathrm{d}t} + ax^{(1)} = b$，称其为 GM(1, 1) 模型的白化方程，它的解

$x^{(1)}(t)=\left(x^{(1)}(1)-\dfrac{b}{a}\right)\mathrm{e}^{-at}+\dfrac{b}{a}$ 称为时间响应函数。(7-11)式的时间响应序列为

$$\hat{x}^{(1)}(k+1)=\left(x^{(0)}(1)-\dfrac{b}{a}\right)\mathrm{e}^{-ak}+\dfrac{b}{a},\quad k=1,2,\cdots,n\quad(7\text{-}12)$$

还原值为：

$$\hat{x}^{(0)}(k+1)=\hat{x}^{(1)}(k+1)-\hat{x}^{(1)}(k)$$

$$=(1-\mathrm{e}^{a})\left(x^{(0)}(1)-\dfrac{b}{a}\right)\mathrm{e}^{-ak},\quad k=1,2,\cdots,n\qquad(7\text{-}13)$$

令 $\boldsymbol{Y}=\begin{bmatrix}x^{(0)}(2)\\ x^{(0)}(3)\\ \vdots\\ x^{(0)}(n)\end{bmatrix}$，$\quad\boldsymbol{B}=\begin{bmatrix}-z^{(1)}(2) & 1\\ -z^{(1)}(3) & 1\\ \vdots & \vdots\\ -z^{(1)}(n) & 1\end{bmatrix}$，$\quad\hat{a}=[a,b]^{\mathrm{T}}$，则(7-11)式最

小二乘估计参数列满足 $\hat{a}=(\boldsymbol{B}^{\mathrm{T}}\boldsymbol{B})^{-1}\boldsymbol{B}^{\mathrm{T}}\boldsymbol{Y}$ 最后,把通过最小二乘法估计出的参数 a 和 b 的估计值 $\hat{a}$ 和 $\hat{b}$ 代入(7-12)式和(7-13)式,即可估计出 $\hat{x}^{(1)}(k+1)$ 和 $\hat{x}^{(0)}(k+1)$ 的值。

7.2 垄断机场平台定价结论的实证检验

本节首先对垄断市场结构下机场的定价策略表达式进行实证检验,在下一节中再对竞争市场结构下机场的定价策略表达式进行实证检验。由于垄断是一种特殊的市场结构,现实中往往不存在绝对的垄断,因而本节只是去检验机场是否有垄断平台的定价倾向。如果定价表达式与实证结果相符,说明样本机场市场已具有很强的垄断性和采用垄断平台定价的倾向;如果定价表达式只部分与实证结果相符,说明样本市场不具有很强的垄断性和采用垄断平台定价的倾向。

7.2.1 数据的收集

由于可检索到的关于我国机场的数据过少,尤其是建国初期的我国的机场数据无从获得,因此无法选用我国机场作为实证样本。然而,由于机场具有一定的区域垄断特性,因此本节选择一些国外大型的,发展成熟的机场作为实证检验的样本,考虑到数据的可获得性,本书选择美国的机场作为本节实证分析的样本。此外,美国还是世界上机场业最为发达的国家,选择美国的机场是较为合适的。随机选取美国大型机场共 25 家,他们分别为:BOS, BWI, CLT, DCA, DEN, DFW, DTW, EWR, IAD, IAH, JFK, LAS, LAX, LGA, MCO, MIA, MSP, PDX, PHL, PHX, SAN, SEA, SFO, SLC, TPA(国际航空运输协会代码)。

7.2.2 数据的处理

由于(5-34)式中的 α_A、α_B、t、λ 和 C_t 是无法统计的,因此假设它们对于每个机场都不变,因此本节回归的模型为: $P_A = 1/\eta_A + c(1)N_B$ 和 $P_B = c(1)/\eta_B + c(2)N_A + c(3)$。 此外,由于部分数据无法直接获得,因此只能采用间接计算的方法来获得,其中机场对航空公司的定价可采用客运航空公司着陆费(Passenger airline landing fees)比航班次数(Flights)的方法来计算,而机场对乘客的定价可采用航空总收入(Total aeronautical revenue)与非客运航空总收入(Total non-passenger aeronautical revenue)相减,然后再比上乘客数(Passengers)的方法获得。

本节数据资料来源于美国官方联邦航空管理局(Federal Aviation Administration)和交通局(Bureau of Transportation)的网站,机场的航空公司数量的数据来源于维基百科(EN)。样本时间为 2012 年。具体数据详见附录。

7.2.3 回归结果及分析

选用 Eviews 6.0 软件对上述截面数据进行非线性回归,得到结果如表 7-1

所示。

表 7-1 回归结果

回归方程 1: $P_A = 1/\eta_A + c(1)N_B$

待估参数	系数	t 值	P 值
$c(1)$	0.000 000 181	2.740 144	0.011 4**

回归方程 2: $P_B = c(1)/\eta_B + c(2)N_A + c(3)$

待估参数	系数	t 值	P 值
$c(1)$	0.073 717	1.248 193	0.225 1
$c(2)$	0.002 242	0.409 412	0.686 2
$c(3)$	3.819 204	18.174 41	0.000 0***

注: ∗∗∗ 表示 1%的显著性水平, ∗∗ 表示 5%的显著性水平。

从回归方程 1 的回归结果来看美国大型机场目前对航空公司的定价与航空公司的价格弹性的倒数呈正相关,这一结果符合平台经济的定价模式,但是机场对航空公司的定价却与机场乘客的数量呈正比,这显然是单边市场的定价思维。综合这两点结论可以看出平台经济的定价思想已逐渐渗入到机场对航空公司的定价当中,但是这种影响仅是部分的。

再看回归方程 2,从回归的结果来看,机场对乘客的定价仅与 C_t 相关,而与 N_A 和 η_B 的倒数都没有相关性,因此得到结论,美国大型机场目前对乘客的定价并没有采用垄断平台的定价策略,但平台定价的思维却影响到了机场的定价,这一点可以从美国大型机场目前对航空公司的定价与航空公司的价格弹性的倒数呈正相关所看出。由于美国的机场发展模式对全世界的机场都有借鉴和指导意义,因此我国的大型机场将会逐渐受到平台定价思维的影响。

7.3 竞争机场平台定价结论的实证检验

7.3.1 数据的收集及处理

考虑到数据的可获得性,本章拟选取两个上市的机场进行实证分析。虽然中国上市机场数量较少,可选余地较小,但是广州白云机场和深圳宝安机场两家上市公司,距离较近且存在着很强的竞争关系,很符合上一章中模型的特征。因此,本章就利用白云机场和宝安机场两家上市公司的数据对上一章的定价公式进行实证检验。令白云机场为机场 1,宝安机场为机场 2。

由于所选择的数据均来自白云机场和宝安机场的年度报告及半年度报告,而可以搜集到的年报年份最早为 2001 年,因此本章实证分析所选择的样本时间段为:2001—2011 年,时间间隔为半年。价格变量均以 2001 年为基期做平减。另外,白云机场和宝安机场的年度报告及半年度报告中还存在着许多统计数据的缺失以及统计口径的变化,有些可以通过计算和近似计算得出,而有些却无法得到,对于无法得到的数据只能用科学的预测方法进行预测。由于实证所使用的数据不是很多,属于小样本、贫信息的不确定性问题,而灰色系统理论正是一种研究此类问题的、较为有效的方法,因此选择灰色预测的方法对缺少的数据进行补充。表 7-2 和表 7-3 分别给出了文中所使用的近似计算方法和灰色预测结果。其他数据详见附录。

表 7-2　文中所用到的近似计算

变量	近似计算的方法	变量	近似计算的方法
P_B^k	机场旅客服务收入/机场旅客吞吐量	t_1	2×白云机场旅客吞吐量/白云机场起降架次
S	白云机场旅客吞吐量-宝安机场旅客吞吐量		
机场零售商数量	2013 年零售商数量×当年城市候机楼数/2013 年城市候机楼数	P_C^k	机场租赁服务收入/机场零售商数
2001 上半年 P_C^1	(2002 上半年 P_C^1＋2003 上半年 P_C^1)/2	2001 下半年 P_C^1	(2002 下半年 P_C^1＋2003 下半年 P_C^1)/2

注:S 代表的是两机场零售商的数量之差,在后文中会用到。$k=1,2$;1 代表白云机场,2 代表宝安机场。

表 7-3　灰色预测结果

数据	估计值	平均相对误差	平均相对误差	a 值	精度等级
2003 年下半年 P_B^1	33.435 7	万人次	5.21%	0.027	三级
2003 年上半年 P_B^1	32.544 1				
2002 年下半年 P_B^1	31.676 4				
2002 年上半年 P_B^1	30.831 7				
2001 年下半年 P_B^1	30.009 6				
2001 年上半年 P_B^1	29.209 4				
2001 年下半年 P_B^2	506.628	万人次	6.67%	0.056	三级
2001 年上半年 P_B^2	479.02				
2001 年下半年 n_B^1	729.992 8	万人次	4.36%	0.059 7	三级
2001 年上半年 n_B^1	687.670 5				
2001 年下半年 n_B^2	506.628	万人次	6.67%	0.056	三级
2001 年上半年 n_B^2	479.020 2				
2001 年下半年 t_1	2.594 624	次	2.36%	0.010 5	二级
2001 年上半年 t_1	2.562 911				

注：采用《灰色系统理论及其应用(第四版)》中给出的平均相对误差精度等级，其中 0.01 精度等级为一级，0.05 为二级，0.10 为三级，0.20 为四级。a 的绝对值大于 2 时 GM(1，1) 模型不适用。[158]

7.3.2　实证分析

上一节已完成了对实证模型分析所需的数据收集，下面就针对模型所得的价格公式逐个进行实证(由于机场对航空公司的定价较为简单，所以本节仅对机场的乘客定价和零售商定价进行实证)，数据分析软件为 Eviews 6.0。

(1) 定价表达式 $P_B^1 = P_B^2 + \dfrac{2C_B(1-2y)}{t_1} + b_B \dfrac{2(n_B^1 - n_B^2)}{t_1}$ 的实证检验

首先，定价公式中含有一些模型化的量无法统计，如 y 和 b_B，需要进行一定的变换才能够做实证分析。由于 $1-2y$ 表示单位化的乘客到机场 2 与到机场 1 的距离之差，这一值是一个常数，而 C_B 主要由一些机场巴士、公交、地铁费用组成，这个值往往也很少变化，因此可以将 $C_B(1-2y)$ 作为回归系数来表示;对于乘客的网络边际价值 b_B,平台类实证的分析方法也是将其当作常量,通过回归系数的估计将其估计出来,因此定价表达式的回归方程可定义为:

$$P_B^1 = P_B^2 + C(1)/t_1 + C(2)S/t_1 \qquad (7\text{-}14)$$

其中,S 表示 $(n_B^1 - n_B^2)$,即机场 1 与机场 2 的乘客人数之差,$C(1)$ 和 $C(2)$ 为回归系数。下面进行实证分析:

首先对非线性回归方程(7-14)进行回归,得到结果如下:

表 7-4　非线性回归方程(7-14)的回归结果

回归系数	系数	t 值	P 值
$C(1)$	−50.034 06	−6.076 169	0.000 0
$C(2)$	0.051 347	3.149 500	0.005 5

从回归结果来看,$C(2)$ 的回归系数符号符合机场对乘客的定价表达式,而且 $C(1)$ 的回归系数为负,这主要是由于白云机场和深圳机场的竞争客户主要来自珠海、澳门及其他南部发达地区,这些地区的地理位置更接近于深圳,因此造成了 $1-2y$ 的值为负,所以回归系数 $C(1)$ 的值为负也就不奇怪了。

从回归系数的 P 值来看,两系数均通过了显著性检验。然而,由于本模型所使用的数据是时间序列,而涉及时间序列数据会存在虚假回归的问题,因此下面还需要对回归方程进行单位根检验。单位根检验最常用的方法是 ADF 检验,本书也采用这种方法。检验结果如表 7-5 所示。

表 7-5　变量的 ADF 检验

变量	检验形式	P 值	变量	检验形式	P 值
P_B^1	$C, T, 0$	0.001	S	$C, T, 0$	0.039 9
P_B^2	$C, N, 0$	0.001 5	t_1	$C, T, 0$	0.000 0

注:检验形式第一项为截距项,存在用 C 表示,不存在用 N 表示;第二项为趋势项,存在用 T 表示,不存在用 N 表示;最后一项为最大滞后阶数,选择默认的 SIC 为标准。

从 ADF 检验的结果来看,回归模型各变量均不存在单位根,因此可以接受表 7-4 的回归结果。也就是说定价表达式 $P_B^1 = P_B^2 + \dfrac{2C_B(1-2y)}{t_1} +$

$b_B \dfrac{2(n_B^1 - n_B^2)}{t_1}$ 符合实际情况。

（2）定价表达式 $P_C^1 = b_L N_C \dfrac{b_H - 2b_L}{b_H - b_L}(2n_1 - 1) + C_C(1 - 2x) + P_C^2$ 的实证检验

类似于上面实证分析的方法，第一步仍然对定价公式中含有一些模型化的量进行变换。由于 b_H 和 b_L 是一个近似于不变的常数，因此可将 b_L 和 $\dfrac{b_H - 2b_L}{b_H - b_L}$ 之积用一个常数代替。另外，$N_C(2n_1 - 1)$ 表示白云机场单归属零售商与多归属零售商数量之差；$1 - 2x$ 是距离差，长期不变。C_C 代表机场的零售商单位运输成本。由于零售商的运输成本来自货物运输，货物运输的单位运输成本与原油价格联系密切，C_C 可以用原油价格 O 替代①。这样定价表达式的回归方程可表示为：

$$P_C^1 = P_C^2 + C(1)O + C(2)Sr \tag{7-15}$$

其中 Sr 表示零售商在白云机场单归属数量与多归属数量之差，下面对回归方程（7-15）进行实证分析，结果见表 7-6。

表 7-6 线性回归方程（7-15）的回归结果

回归系数	系数	t 值	P 值
$C(1)$	$-3.123\,349$	$-5.600\,666$	$0.000\,0$
$C(2)$	$6.729\,505$	$3.719\,129$	$0.001\,4$

从回归结果来看，两回归系数都通过了显著性检验，$C(2)$ 的回归系数符号符合机场对乘客的定价表达式，而且 $C(1)$ 的回归系数为负，这是否也和上一节所得结论一样，说明 $1 - 2x$ 的值为负呢？现在先不考虑这个问题，因为本模型所使用的数据是时间序列，还需要进一步考察虚假回归的问题。下面接着做单位根检验，结果见表 7-7。

---

① O 来自美国能源信息部（U.S. Energy Information Administration），为布伦特原油价格，单位为美元。根据需要已转换成人民币价格，并进行了价格平减。数据来源：http://www.eia.gov/dnav/pet/hist/LeafHandler.ashx? n = PET&s = RBRTE&f = D。

表 7-7　变量 ADF 检验结果

变量	检验形式	P 值	变量	检验形式	P 值
P_C^1	$C, N, 2$	0.103 2	ΔP_C^1	$N, N, 2$	0.000 5
P_C^2	$N, N, 1$	0.176 5	ΔP_C^2	$N, N, 1$	0.000 0
O	$C, T, 1$	0.426 8	ΔO	$N, N, 1$	0.014 4
Sr	$N, N, 1$	0.999 7	ΔSr	$C, N, 1$	0.028 5

注：检验形式第一项为截距项，存在用 C 表示，不存在用 N 表示；第二项为趋势项，存在用 T 表示，不存在用 N 表示；最后一项为滞后阶数，选择 SIC 为标准。

从上面的单位根检验的结果可以看出，原始序列各变量的 ADF 检验值均大于10%的显著性水平下的麦金农临界值，因此不能拒绝零假设，也就是说原始序列存在单位根。而对该序列进行一阶差分后所得到序列一阶差分序列的 ADF 检验的结果却均小于5%显著性水平下的麦金农临界值，说明一阶差分序列已不存在单位根，是平稳时间序列，并服从 I(1) 的单整过程，因此可能存在协整关系，下面便运用 Johansen 极大似然法对其进行协整检验。

由于序列也许会有非零均值和确定趋势，同样的协整方程也可能会有截距和确定趋势，关于协整的 LR 检验统计量的渐近分布不再是通常的 χ^2 分布，它的分布依赖于与确定趋势有关的假设。因此为了完成这个检验，需要确定数据的趋势假设。Eviews 的分析结果如表 7-8。

表 7-8　截距及趋势项假设检验结果

Data Trend （数据趋势） 标准	None （无） No Intercept （无截距） No Trend （无趋势项）	None （无） Intercept （有截距） No Trend （无趋势项）	Linear （线性的） Intercept （有截距） No Trend （无趋势项）	Linear （线性的） Intercept （有截距） Trend （有趋势项）	Quadratic （二次方） Intercept （有截距） Trend （有趋势项）
AIC	42.323 50	40.673 44	40.691 11	40.144 68	39.587 46*
SC	44.709 45	43.158 81	43.275 89	42.828 88	42.371 07*

从结果可以看出，无论是采用 AIC 标准或是 SC 标准，均是"序列有二次趋

势且协整方程有线性趋势"的假设模型最好。因此采用这一模型进行协整回归,所得的协整方程如下:

$$18.102\ 29P_C^1 = 0.457\ 077P_C^2 + O - 7.409\ 471Sr \tag{7-16}$$

化简后为:

$$P_C^1 = 0.025P_C^2 + 0.055O - 0.409Sr \tag{7-17}$$

从协整方程知:

① 机场对零售商的定价会与竞争机场的定价同方向变动,满足模型推导的结论 1。

② Sr(零售商在白云机场单归属数量与多归属数量之差)的回归系数为负。由于白云机场零售商的单归属数目远大于多归属的数目(如 2013 年白云机场的单归属零售商数为 245,而多归属的零售商数目为 14),因此如果定价表达式 $P_C^1 = b_L N_C \dfrac{b_H - 2b_L}{b_H - b_L}(2n_1 - 1) + C_C(1 - 2x) + P_C^2$ 是合理的,那么可知 $b_L \dfrac{b_H - 2b_L}{b_H - b_L}$ 为负,即白云机场高类型零售商的网络规模边际价值小于低类型零售商的网络规模边际价值的 2 倍。而 $b_L \dfrac{b_H - 2b_L}{b_H - b_L}$ 为负是符合实际的,因为如果高类型零售商的网络规模边际价值是低类型零售商的网络规模边际价值的 2 倍以上,那么白云机场应当存在近乎单归属两倍的多归属零售商,而实际情况却大相径庭。因此定价表达式 $P_C^1 = b_L N_C \dfrac{b_H - 2b_L}{b_H - b_L}(2n_1 - 1) + C_C(1 - 2x) + P_C^2$ 也是符合实际的。

从协整回归的结果知,竞争平台的定价策略很好地通过了实证检验,说明竞争性的平台定价策略可以解释白云机场和宝安机场的竞争活动,平台定价的思维已影响了两机场。

7.4 本章小结

在前两章中,本书分别针对垄断和竞争两种市场结构下机场的平台定价策略进行了模型的构建及价格表达式的推导。虽然也获得了机场的定价表达式,以及一些对定价有影响的因素,但是这些表达式是否具有实际意义,能否知道机场的定价实践活动仍是未知的。本章正是基于这一原因,分别对垄断、竞争两个模型结果进行了实证检验。由于数据的收集存在许多困难,并且有些数据无法获得,因此本章在进行数据收集的时候对于那些无法获得的数据采用了预测的方法来处理。在小样本、贫信息预测分析中,灰色预测是较为良好工具,本书对于那些无法获得的数据采用了灰色预测的方法进行补充。通过对数据分析最后得出结论:垄断性的平台定价策略并没有被机场所接受,而竞争性的平台定价策略却已被实证中的样本机场所接受。

到此为止,本书关于机场在平台经济分析框架下的定价机理的推导和实证已完成,下一章将对其所引发的管理启示进行论述。

8 管理启示

在前面章节中已经推导出了不同市场结构下机场的平台定价表达式,然而从模型的结论出发我们能够获得哪些关于机场管理方面的启示呢? 本章便对此进行探讨。

8.1 平台经济对垄断机场的管理启示

结论 1:机场对航空公司和乘客的定价分别与航空公司和乘客的需求的价格弹性有关,而且是一种负相关关系。

启示 1:这种负相关关系说明机场对双边市场的定价与传统的多产品市场定价具有一定的相似性。然而这种相似性却是不完全的,因为这种价格弹性与传统的多产品市场的价格弹性是有所区别的,其中 η_A 是在 P_B 固定的情况下航空公司需求的价格弹性,而 η_B 是在 P_A 固定的情况下乘客需求的价格弹性。陈宏民也对类似的问题进行过研究,并将其称之为"准需求价格弹性",因为它是"在另一边市场的需求确定的情况下的需求价格弹性"[71]。

结论 2:预期交易次数将影响机场对乘客的定价,而机场对航空公司的定价将不受影响。

启示 2:这一结论的得出很大程度上依赖于模型所假设的机场对航空公司和乘客所采取的不同的收费方式。另外,预期交易次数与机场对乘客的定价之间是一种反向关系,这就是说,随着机场乘客交易次数的增加,机场将降低对乘客的收费力度。这是一个符合经验与逻辑的结论,因为对于机场对乘客的定价来说,其主要构成部分就是机场建设费,而对于机场建设费来说,乘客的交易次数越多,那么每人每次交易所分摊的建设费就越少。

结论 3：在 $\eta_A = \eta_B$ 及 $\alpha_A = \alpha_B$ 的假设下，有 $P_B > P_A$。证明如下：

对于机场这一特殊的平台来说，平台两边客户的数量差别是极其巨大的，也就是说 $N_B \gg N_A$，由于 $\lambda \in (0, 1]$，$t \in [0, 1]$ 以及 $C_t \geqslant 0$，假设 $P_A \geqslant 0$，$P_B \geqslant 0$，在平台两边市场用户的需求价格弹性和他们与对方市场用户发生每一笔交易所获得的收益相等的情况下，可以得出：

$$\left[(2/t)\left(\frac{1}{\eta_B} - \frac{1}{\lambda}\alpha_A N_A\right) + C_t\right] > (2/t)\left(\frac{1}{\eta_B} - \frac{1}{\lambda}\alpha_A N_A\right) > \left(\frac{1}{\eta_B} - \frac{1}{\lambda}\alpha_A N_A\right)$$

$$> \left(\frac{1}{\eta_B} - \alpha_A N_A\right) > \left(\frac{1}{\eta_A} - \alpha_B N_B\right) \tag{8-1}$$

即：$P_B > P_A$。

启示 3：这一结论的得出似乎有些出人意料，机场对航空公司收取的注册费竟然小于机场对每一位乘客收取的使用费。但是如果从航空收入与非航空收入的角度去考察机场经营策略的话，这一结论的得出还是有一定意义的。

关于航空收入与非航空收入的分配问题，长期以来一直是机场经营者所关注的重要话题之一。如：Anne Graham[159]发表了一篇文章，专门探讨了机场商业收入也就是非航空收入对于如今机场的作用。文章列举了 2006 年 22 个欧洲机场商业收入占机场总收入的百分比，"粗略地平均一下，欧洲的机场的商业收入约占机场总收入的一半左右"。这一比例反映出了机场商业收入已成为机场收入中重要的一环。她还使用了英国机场集团（British Airport Authority，BAA）的数据来指出："机场零售用地面积的增长比同期乘客的数量以及为乘客提供更大范围及选择权的设施的（规模）增长要快。因此再通过扩大机场设施（规模）来增加收入已变得非常有限。在这种情况下，BAA 及一些类似的机场，摆在他们面前的路似乎只有增加商业区的收入业绩了。"卡萨达[160]也曾探讨了机场通过增加非航空收入来补贴航空收入从而实现总体收入增加的情况，他在近期的一篇文章中提出："监管政策的核心问题是这种非航空性收入与航空性收入的交叉补贴是否是一种反竞争行为。在那种情况下的价格与边际成本的关系将不再满足竞争价格的需求弹性与边际价格（成本）反向关系的勒纳条件。然而，消费者和竞争者都不会必然遭受交叉补贴的影响，实际上，在很多情况下消费者福利还会增加。"

由上面的学者的研究实例可以看出,机场对航空公司定价低于乘客交易费并不是一种不可能的事情,而是机场转换经营视角通过非航空收入补贴航空收入从而增加总收入的一种经营策略。航空公司的成本降低可以使其提供更加优质(廉价)的服务,从而吸引更多的乘客前来搭乘飞机。乘客乘机的同时又带来了机场商业收入的增加,而机场便会从中获得丰厚的收入,而且这一收入很可能能够弥补为航空公司定低价而带来的损失。关于这一点,迪拜国际机场候机楼每年的零售额都超过 10 亿美元是一个很好的例证。

8.2 平台经济对竞争机场的管理启示

结论 1:竞争对手的定价策略会影响到机场的定价,将促使相互竞争的机场之间存在一个保持价格变动方向一致的趋势。特别地,机场对航空公司的定价会与竞争对手完全同步。

启示 1:由这一结论可知,对于机场而言,与竞争对手相比保持价格上的优势很有必要。以白云机场为例,过去,受垄断观念影响,机场商业普遍存在"皇帝女儿不愁嫁"的心态,在商业经营上过分依赖自然增长,主动开拓动力不足。九十年代后期,白云机场引入竞争后,逐步转变了观念,树立起了创新进取、强化危机的意识,积极应对市场竞争。在适当引入竞争者的同时,加强对外部商家定价管理,这有利于改变机场商业在消费者心目中的价格形象(如机场常被指责商品售价过高,50 元一碗泡面,10 元一瓶矿泉水,是到过机场的人耳熟能详的事情)。而机场作为管理者、出租者,有权对引入商家、竞争者的商品价格实行监督,以利于公平竞争。如上海机场先后引进肯德基、麦当劳等大众快餐,同时对机场的餐饮网点进行价格调整。2004 年,上海机场餐饮项目的大众类商品零售价格平均下降 22.4%,其中六大类大众消费品中的矿泉水、可乐型碳酸饮料零售价格下降了 33.5% 和 40.2%,面条、馄饨等大众化食品零售价格下降幅度约一至三成。如今,白云机场有超过 50% 的商业经营面积采用租赁手段引入商家,但价格投诉仍时有出现,机场当局仍需要加强管理。对此,白云机场采取下调租金来平抑租赁商家的物价。上海机场的商铺租金约为 1 200元/平方米,深圳机场的租金在 1 000 元左右,白云机场在降租后调整到 800 多元。这对日后引入商家来说,是一个利好的因素。

从上述白云机场调整机场商品价格的例子可以看出,起初白云机场像众多垄断机场一样受垄断观念影响,只注重航空主业的发展,忽视了非航空产业带来的效益,并且过于追逐眼前利益,从而导致机场随处可见天价商品。后来机场引入竞争之后,由于机场内商家之间以及机场外各竞争机场之间客源的争夺使得机场对非航空产业加强管理,例如以机场商铺为代表降低了租金,并对零售商的商品价格进行监督。这很好地印证了上一节模型结论中竞争对手的定价策略将促使相互竞争的机场之间存在一个保持价格变动方向一致的趋势。因此竞争对手的定价应该成为机场管理者首先应当关注的问题。

结论 2:乘客的交通成本会影响乘客前来机场乘机的意愿,距离乘客较远的、交通较不方便的机场只有通过降低收费或是通过一些其他的方式来增加乘客的乘机便利性以吸引乘客前来。

启示 2:就目前来的情况来说,机场通过降低收费的方式是吸引乘客的最直接的办法。机场降低收费的经营策略主要集中在降低机场巴士的收费和机场高速收费这两个方面。然而这种方法的操作空间不是很大,因为这些都是机场经营收入的来源,通过降低这些领域的收入来增加乘客的数量,未必能够最终增加机场的收入。

如今,被机场普遍认可的一种降低乘客交通成本的方式是建立城市候机楼。城市候机楼的经营理念是这样的:一些较为发达的城市由于种种原因,不具备建设机场的条件,但是该城市的人流出行、贸易往来又较多,该城市附近的机场可以将与自己的候机楼具有同样功能的城市候机楼建立在该城市,然后通过专门的路线设计以及每天数十班次的机场巴士将旅客送至机场登机,以达到节省旅客出行时间和成本从而吸引乘客的目的。

以沈阳城市候机楼为例,桃仙机场是东北的一个复合型门户枢纽,周围近十个城市都共用此机场。随着机场的不断发展,原先只在机场办理乘机手续的这种单一的登机方式已远远不能满足多样化的需求。为了充分利用有效资源，桃仙机场投入使用了东北地区第一个城市候机楼。城市候机楼启用后，旅客在市内即可办理登机手续、领取登机牌，享受从购票到乘坐巴士直达机场安检的"一站式"服务。

桃仙机场最早的一班航班在上午 8 点左右飞出，原先的乘客如果要赶这趟航班的话需要提前 2 个小时往机场赶，没有汽车接送的话还要打出租车；自从城市候机楼建成运营之后，每天有数趟班车往返于该候机楼和桃仙机场之间，1 小时 1 班，大概 25 分钟便可到达机场，这大大地增加了旅客的出行便利，也节省了旅客的出行成本。自 2009 年 12 月 1 日该城市候机楼运营以来，乘客数量获得了较快的增长，据《从统计看民航》的数据统计，桃仙机场在没有启用城市候机楼之前，其 2009 年较之 2008 年的旅客吞吐量的增长为 10.25％，在启用城市机场后，其 2010 年较之 2009 年的旅客吞吐量的增长为 14.86％。具体情况见表 8-1。

表 8-1　桃仙机场旅客吞吐量情况

年份	城市候机楼建立时间	旅客吞吐量	旅客吞吐量增长
2010		8 619 897	14.86％
2009	2009 年 12 月 1 日	7 504 828	10.25％
2008		6 807 235	——

建立城市候机楼可以为乘客出行带来时间和成本两个方面的好处，并且也不用以牺牲机场其他方面的收入作为代价，因此对机场来说建立城市候机楼是吸引乘客前来乘机的好选择。当然不仅是乘客，零售商的交通运输成本也是其考虑加入机场的重要因素。由于零售商的进货方式往往是以汽车运输为主，因此去机场的公路交通，尤其是机场高速的收费及交通便利性是机场吸引零售商前来开设店铺的重要因素，机场为了吸引乘客及零售商，提供优质、便捷的机场高速公路是必不可少的。

8.3 政策建议

通过前面的分析以及上一章的实证检验可知,将平台经济的相关理论应用于机场是合理的而且能够通过实证的检验。由于目前关于机场管理的理论、经验还集中在传统的单边市场领域,因此本书便依据前面章节所获得的结论,从平台经济、三边市场的角度对机场的管理方面提出政策建议。具体来说有以下几个方面:

(1)认清机场所处的市场结构现状

现如今机场所面临的竞争日益激烈,各大机场集团如首都机场集团、西部机场集团等正不断地扩大自己的规模,吞并一些中小机场。然而,许多机场似乎并没有从过去的传统观念中走出来,仍然一门心思地发展自己的航空主业,忽视了非航空业的收益。如 2010 年 8 月有网友曾发帖称在长沙机场花 90 元只能吃一碗米粉;同样,在白云机场买两碗面加一杯水竟然要交 204 元,机场的天价商品折射出的是机场对非航空业的忽视,而其所带来的后果便是机场的连年亏损。这些机场似乎仍将自己以一个垄断者的身份自居,仿佛天下之大再无第二家机场与之竞争,抑或是夜郎自大,认为自己称霸一方,乘客爱来不来,这些思想都是要不得的。机场应当认清自己所处的市场结构,做好在市场上与其他机场竞争的准备。

(2)积极扩建城市候机楼

吸引乘客(或是运输货主,这里以乘客为代表)前来乘机不光是航空公司的事情,机场也必须参与其中,因为机场所有设施和所有服务运营的前提就是必须有乘客前来乘机。乘客前来乘机的动机之一便是交通的便利性,提高乘客乘机的交通便利的方法很多,如:开设机场大巴,修筑机场高速等。如今,被机场普遍认可的一种降低乘客交通成本的方式是建立城市候机楼。民航局的航空服务普遍发展战略是让旅客在一小时内能够享受航空服务。然而在旅客所能到达的一小时之内的地域分别设立机场是不现实的,但是建设城市候机楼却基本上可以满足这一要求。[161] 当然,城市候机楼的建设也不能盲目,需要注意以下几点：

① 航运需求

城市候机楼的建设前提必须是当地无机场或是本地机场的航班密度不能满足该城市的航运需求。如果该地区或该城市已经有一个机场，且完全能够满足当地的航运需求，那么，在该城市再建设一个竞争性的机场候机楼，除非该地区具有优越的战略地位，或是良好的发展前景，否则往往不能获得更好的经营效益，甚至亏损在所难免。

② 选址及便利性服务

城市候机楼的选址应放在城市中心或其他，交通便利之地，比如汽车站、火车站等交通节点附近，这样可以实现所谓的零换乘的理念，从而最大限度地降低旅客出行成本，提高出行便利性。此外，城市候机楼内部应当为旅客提供诸多便利服务，以降低旅客到达机场后的通关时间。如无锡硕放机场在苏州建立了自己的城市候机楼，并提供购票服务和登机手续，到点直接有免费班车送至硕放机场。但是目前国内的大多数城市候机楼还没有行李托运和安检服务，乘客到机场后还要去办理托运业务并由机场进行安检，这不仅给旅客的出行带来了麻烦，而且也降低了机场的工作效率。因此城市候机楼建设不能忽略了旅客通关便捷性的服务。

③ 运营管理

在城市候机楼的建设初期，由于机场没有经营管理相关方面的经验，机场可以选择与其他专门的运营商密切合作，由运营商按照机场的要求完成城市候机楼建造或修缮，并负责城市候机楼的经营，双方通过明确分工，协调运作，从而实现共赢发展。如深圳机场的香港九龙机铁站、湾仔等城市候机楼便是与中港通集团合作建立的。该合作为我国机场业运营城市候机楼提供了许多成功的经验。

（3）积极解决"鸡蛋相生"问题

在机场建立之初或是对于一个小型支线机场来说，不吸引相当数量的乘客前来乘机便无法吸引航空公司和零售商前来租用场地，而反过来不吸引一定数目的航空公司，又不会有多少乘客前来乘机，因为他们可以选择其他机场的城市候机楼,乘客不来,零售商也没有前来的动机。对于这一"鸡蛋相生"的问题,机场不应当顺其自然,而应当积极努力争取乘客资源。对乘客补贴的做法是解决"鸡蛋相生"问题的一种有效途径,在平台术语中被称为倾斜的定价。对于这些机场而言,倾斜的定价策略是机场谋得发展的一种策略。

9 结语与展望

9.1 主要结论

与以往从传统的单边市场的角度去考察机场的管理的相关文献不同，本书从平台经济、三边市场的角度，通过对我国机场市场结构的实证分析获得了不同时间段我国机场的市场结构情况，然后针对不同时间段的我国机场的市场结构，构建相对应的平台经济的模型，并通过对模型的推导来获得机场的定价表达式和定价的影响因素，最后依据所获得的定价表达式及影响因素来论述平台经济的分析模式给机场管理所带来的启示。具体说来，本书所获得的研究结论有以下几个方面：

（1）我国机场的市场结构情况

在机场属地化浪潮之后，机场的经营管理体制发生了翻天覆地的变化，机场也被归为一个大的市场，各机场在市场中的地位又构成了机场市场的产业结构。由于学术界对机场产业结构的不同看法导致现存的文献中存在诸多不同的观点，因此本书根据研究的需要对我国的机场市场进行了市场结构的实证分析。最后得出结论：我国机场的市场集中度无论是 CR_4 还是 CR_8 都呈现出逐年下降的趋势。其中 CR_4 从 0.59 降到了 0.32，CR_8 从 0.72 降到了 0.48。这种下降的趋势反映出了随着我国机场政策的不断变化，我国机场市场的垄断程度已经被逐渐地削弱，基本上接近了贝恩所划分的低集中寡占型。从时间阶段来看，1987—1991 年间我国的机场业基本上处于中上集中寡占的类型，寡占的程度较高，市场的竞争强度较弱；1992—2008 年间我国的机场产业集中度有所下降，处于中下集中寡占的类型，寡占程度较低，受政策的影响，竞争程度得以进一步加强；2009—2011 年间我国的机场业基本上处于低集中寡占的类型，寡占程度低,并存在向竞争型接近的趋势。

(2) 机场所具有的平台特征

通过对平台经济相关理论和概念的引入以及对机场的平台定价相关问题的分析,本书获得了机场收入、机场平台运作模式、机场平台网络外部性和机场平台的归属这四个方面的结论:

① 划分机场收入的方法很多,其中最为常见的是将其划分为:航空收入和非航空收入,其中非航空业务是新时期机场转变经营方式、增加营业收入的有效途径。因此,将机场作为平台商,其所面临的客户市场不仅仅是航空公司和乘客的双边市场,由于开展非航空业务的需要,机场还会面临以零售商为代表的第三边市场。

② 一般平台所采取的定价方式有三种:会员费、使用费和两步收费制。通过分析机场对航空公司、乘客以及零售商所收取的费用的构成可以得出机场对航空公司的收费方式是注册费、对乘客的收费方式是使用费、对零售商的收费方式是注册费。

③ 机场作为一个平台能够使航空公司、乘客以及零售商在其上进行联系,并使他们能够获得平台的网络外部性。这些网络外部性都是由同一边用户的数量以及另一边或几边用户的数量来决定的,且同边用户数量所带来的外部性有正有负。

④ 平台的归属情况分为四类:纯粹单归属、一边用户单归属一边用户多归属、纯粹多归属和部分多归属。机场的用户归属情况是部分多归属的,具体说来是:航空公司会采取多归属策略、零售商采取部分多归属策略而乘客采用单归属策略。

(3) 垄断机场的定价策略

以平台经济为分析框架,以双边市场理论为研究基础,通过对机场作为平台与经典平台相对比而具有的特性的分析,并在已有文献的基础上,构建和扩展 Armstrong 价格模型,从效用、价格及需求的价格弹性等几个方面进行了理论研究和数理推导,最后得到如下结论:

① 机场对航空公司和乘客的定价分别与航空公司和乘客的需求的价格弹

性有关,而且是一种负相关关系。

②预期交易次数将影响机场对乘客的定价,而机场对航空公司的定价不受影响。

③机场对双边市场的定价与各边市场与另一边市场发生交易所获得的收益有关,而且是一种逆向关系。

④机场对乘客的定价与机场的服务成本以及机场的匹配能力正相关。

⑤在航空公司和乘客的需求的价格弹性和网络外部性相同的假设下,机场会采取倾斜的定价策略。

(4)竞争机场的定价策略

针对竞争型的机场市场结构,以 Farrell 和 Saloner 所构建的 Hotelling 模型为基础模型,并将其扩展到三边市场,最后得到如下结论(由于表达式符号过多,用文字表述过于烦琐,因此仅用符号表示所得结论,具体情况请参阅表6-1):

①竞争对手的定价策略会影响到机场的定价,将促使相互竞争的机场之间存在一个保持价格变动方向一致的趋势。特别地,机场对航空公司的定价会与竞争对手完全同步。

②机场对乘客的定价与 y 和 n_B^2 呈反向相关;机场对乘客的定价与 n_B^1 呈正相关;当 $C_B(1-2y)+(n_B^1-n_B^2)>0$ 时,机场对乘客的定价随 t_1 的增加而下降,即呈逆相关。当 $C_B(1-2y)+(n_B^1-n_B^2)<0$ 时,机场对乘客的定价随 t_1 的增加而增加,即呈正相关;当 $(1-2y)<0$ 即 $y>1/2$ 时,机场对乘客的定价随 C_B 的增加而下降,即呈逆相关。当 $(1-2y)>0$ 即 $y<1/2$ 时,机场对乘客的定价随 C_B 的增加而增加,即呈正相关;当 $n_B^1>n_B^2$ 时,机场对乘客的定价随 b_B 的增加而增加,即呈正相关,当 $n_B^1<n_B^2$ 时,机场对乘客的定价随 b_B 的增加而下降,即呈逆相关。

③机场对零售商的定价与零售商到机场的距离呈逆相关;当 $(b_H-2b_L)(2n_1-1)>0$ 时,机场对零售商的定价随 N_C 的增加而增加,即呈正相关。当 $(b_H-2b_L)(2n_1-1)<0$ 时,机场对零售商的定价随 N_C 的增加而减少,即呈逆相关;当 $(2n_1-1)>0$ 时,机场对零售商的定价随 b_H 的增加而增加, b_L

的增加而减少。当 $(2n_1 - 1) < 0$ 时,机场对零售商的定价随 b_H 的增加而减少,b_L 的增加而增加;当 $b_H > 2b_L$ 时,机场对零售商的定价随 n_1 的增加而增加,即呈正相关。当 $b_H < 2b_L$ 时,机场对零售商的定价随 n_1 的增加而减少,即呈逆相关;最后再看 C_C,当 $1 - 2x > 0$ 即 $x < 1/2$ 时,机场对零售商的定价随 C_C 的增加而增加,即呈正相关。当 $x > 1/2$ 时,机场对零售商的定价随 C_C 的增加而减少,即呈逆相关。

9.2 展望

通过对竞争型市场结构中机场价格表达式的分析,本书得出了机场的定价策略。在市场结构变化、竞争进一步加剧的今天,我国机场面临的竞争强度正在不断地加剧,机场作为独立核算、自负盈亏的经济实体,在越来越多地服务于乘客乘机的情况下,平台思维成了机场定价策略的关键。机场作为平台供应商所面临的最基本的客户是航空公司和乘客,这是一个平台经济中典型的双边市场轮廓,然而随着机场管理理念的变革,管理者越来越认识到仅靠航空业务的发展已经成为机场无法盈利的枷锁,非航空业务的崛起已是机场管理当局经营机场改革的新风向标。在国外的一些机场经营的成功案例中,非航空业务在机场总收入中都占有相当的比例,而在非航空业务中零售业务又具有举足轻重的地位,因此机场应当重视以零售商为代表的非航空业务所具有的地位,这也就是本书中将零售商纳入机场定价模型中的原因所在。

文中竞争型市场结构中机场定价策略的推导所运用的是 Farrell 和 Saloner 设计的 Hotelling 模型。该模型将网络边际价值作为机场提供网络效用的基础,因此乘客乘机所关注的是本身群体的数量,航空公司所关注的也仅是身边的航空公司的数量规模。这一假设的建立肯定了平台中的交易者自身群体为其带来的网络效用,但却忽略了他们从交易对方获得的网络外部性。比如:乘客选择机场乘机,一方面考虑已选择该机场的乘客的数量,因为更多的现有乘客将促使机场投入更多的人员到乘客服务中去,同时航空公司也会投入更多资源,增加航线和航班数量,这都会增加乘客所获得的效用;另一方面,乘客也可能考虑机场的航空公司的数量,因为航空公司的数量越多,乘客可挑选的航班数就越多,无论是时间偏好或是价格偏好的乘客都将能从这一情况中获得较高的效用。同样,对于航空公司方面也有类似的考虑。首先,他们考虑其他航空公司的数量,航空公司数量的增加将会增强他们与机场谈判的实力,从而能够增加从机场获得优惠价格的机会;其次,他们也考虑机场现有乘客的数量,现有乘客越多,他们潜在的客户就越多,获利的可能性就越大。当然,如果同时考虑这两种效用可能又会使情况变得过于复杂,因此,本书仅仅是将 Farrell、Saloner 所创模型在应用领域和多边市场这两个方面进行了扩展,还没有对两模型的上述缺陷进行补充,希望在以后的研究中能够将其完善。

本书针对模型推导得出的定价公式的适用性进行了实证检验,由于数据搜集难度很大,很多地方不得不进行一定的近似计算,特别是对垄断机场平台定价策略的实证,所选用的数据来自美国,因此如果以后能够搜集到更多的相关数据的话,那么实证的结论也会更精确,这也是作者以后关注的研究方向。

附　录

表 1　7.2 节所用数据(单位:美元)(part 1)

LOC_ID	Passenger airline landing fees (客运航空公司着陆费)	Total Aeronautical Revenue (航空总收入)	Total Non-Passenger Aeronautical Revenue (非客运航空总收入)
BOS	82 944 711	233 857 684	36 694 091
BWI	54 705 910	103 926 233	6 273 048
CLT	13 335 293	66 519 235	19 930 620
DCA	45 057 428	129 485 979	4 270 614
DEN	122 332 897	258 024 569	55 055 824
DFW	86 673 118	221 103 006	30 523 006
DTW	64 554 437	159 873 205	6 313 574
EWR	205 187 797	531 972 054	101 178 713
IAD	57 586 611	294 439 941	22 577 186
IAH	65 478 189	196 795 051	9 387 374
JFK	284 650 188	760 376 271	118 570 403
LAS	37 556 982	152 959 329	24 190 787
LAX	184 988 969	492 752 251	110 184 916
LGA	127 655 002	230 218 011	14 628 673
MCO	26 945 060	123 259 669	11 641 521
MIA	50 864 659	457 738 505	75 895 527
MSP	50 385 559	120 960 567	13 201 201
PDX	27 554 497	96 537 221	14 036 818
PHL	52 468 775	170 170 034	16 901 490

（续表）

LOC_ID	Passenger airline landing fees （客运航空公司着陆费）	Total Aeronautical Revenue （航空总收入）	Total Non-Passenger Aeronautical Revenue （非客运航空总收入）
PHX	39 479 624	118 393 064	8 311 285
SAN	17 208 384	59 091 203	6 470 601
SEA	68 433 543	230 205 275	11 657 824
SFO	115 845 191	372 893 530	46 228 089
SLC	21 446 915	49 895 246	8 478 183
TPA	12 987 342	57 235 775	8 316 668

表 2　7.2 节所用数据（单位：美元）（part 2）

LOC_ID	2011 Passenger airline landing fees （客运航空公司着陆费）	2011 Total Aeronautical Revenue （航空总收入）	2011 Total Non-Passenger Aeronautical Revenue （非客运航空总收入）
BOS	85 840 891	231 827 501	36 858 960
BWI	52 771 392	108 102 517	5 629 236
CLT	14 014 264	62 325 051	17 808 879
DCA	41 524 988	129 353 001	4 210 492
DEN	112 040 454	247 016 124	49 813 901
DFW	95 692 593	220 963 148	30 273 664
DTW	66 271 351	149 048 831	6 762 388
EWR	215 276 935	531 114 232	96 895 779
IAD	58 836 556	262 796 906	21 154 060
IAH	6.84E+07	203 505 274	9 341 168
JFK	270 764 798	724 935 892	114 160 064
LAS	56 791 147	198 519 668	24 386 943
LAX	170 152 349	454 656 940	112 562 711

	2011	2011	2011
LGA	125 474 733	228 925 488	12 877 337
MCO	26 619 604	119 524 432	11 664 941
MIA	43 607 617	413 811 894	67 576 346
MSP	48 647 121	99 398 406	3 532 553
PDX	26 131 671	96 664 655	13 562 585
PHL	57 010 966	165 235 686	17 373 460
PHX	38 522 653	111 192 598	6 860 406
SAN	17 309 086	54 320 305	7 118 937
SEA	55 432 378	204 762 809	11 691 799
SFO	99 247 503	340 108 383	49 301 325
SLC	2.06E+07	47 798 020	8 237 843
TPA	13 054 974	56 210 821	7 442 682

表3　7.2节所用数据（part 3）

	2012	2011	2012	2011	2013
	单位:次	单位:次	单位:人	单位:人	单位:个
LOC_ID	Flights（航班）	Flights（航班）	Passengers（乘客）	Passengers（乘客）	airlines（航空公司）
BOS	159 694	166 512	14 272 352	14 146 849	47
BWI	116 140	118 814	11 097 571	10 985 558	30
CLT	253 895	245 243	20 016 692	19 007 468	28
DCA	139 118	137 252	9 451 133	9 039 072	28
DEN	294 267	301 543	25 776 239	25 634 515	25
DFW	308 816	305 210	27 996 215	27 430 125	35
DTW	205 755	213 484	15 582 243	15 690 524	32
EWR	190 158	186 483	17 003 345	16 786 357	38

（续表）

	2012	2011	2012	2011	2013
IAD	130 680	136 158	10 770 077	11 020 478	47
IAH	239 092	247 929	19 002 439	19 263 776	34
JFK	188 773	190 973	24 451 555	23 585 722	79
LAS	169 003	171 001	19 774 021	19 668 064	35
LAX	274 406	273 715	31 332 309	30 505 026	70
LGA	179 168	178 039	12 797 290	11 983 322	17
MCO	138 154	142 265	17 086 590	17 199 361	43
MIA	147 180	148 384	18 568 038	17 962 223	51
MSP	194 145	197 345	15 917 037	15 867 145	30
PDX	80 488	79 357	7 134 275	6 800 586	17
PHL	200 924	202 203	14 554 549	14 850 755	31
PHX	195 875	200 513	19 536 904	19 727 443	25
SAN	80 602	79 534	8 651 561	8 438 222	27
SEA	146 746	149 045	16 084 831	15 930 918	28
SFO	193 563	182 498	21 291 884	20 048 850	45
SLC	117 464	126 292	9 569 527	9 689 678	19
TPA	75 556	76 606	8 184 192	8 157 992	25

表 4　7.3 节所用数据（part 1）

年份	旅客服务收入（万元）	旅客服务收入（万元）	白云机场旅客吞吐量（万人次）	深圳机场旅客吞吐量（万人次）	白云机场旅客吞吐量（万人次）	白云机场起降架次（万次）
2011−	83 007.31	53 166.12	2 311.81	1 438.65	2 311.81	17.82
2011+	74 056.43	52 805.91	2 192.57	1 385.92	2 192.57	17.11
2010−	74 833.39	51 769.28	1 988.85	1 353.04	1 988.85	16.46
2010+	64 362.7	51 065.82	2 108.99	1 318.30	2 108.99	16.46
2009−	68 269.26	46 916.93	1 921.76	1 262.63	1 921.76	16.08

（续表）

年份	旅客服务收入（万元）	旅客服务收入（万元）	白云机场旅客吞吐量（万人次）	深圳机场旅客吞吐量（万人次）	白云机场旅客吞吐量（万人次）	白云机场起降架次（万次）
2009＋	58 376.73	45 058.86	1 783.30	1 186.00	1 783.30	14.80
2008－	59 687.78	30 685.81	1 680.22	1 081.93	1 680.22	14.04
2008＋	54 822.74	49 045.44	1 663.50	1 058.17	1 663.50	14.00
2007－	45 983.88	42 921.08	1 616.00	1 066.90	1 616.00	13.30
2007＋	44 574.13	36 231.97	1 479.90	995.00	1 479.90	12.78
2006－	39 476.36	34 610.42	1 362.18	923.60	1 362.18	12.03
2006＋	38 899.19	35 221.12	1 258.42	912.01	1 258.42	11.21
2005－	38 028.43	32 527.17	1 230.20	893.91	1 230.20	10.90
2005＋	35 245.99	28 308.23	1 109.70	734.40	1 109.70	10.23
2004－	31 261.88	27 926.88	1 072.35	728.00	1 072.35	9.46
2004＋	29 592.87	28 789.52	960.25	697.30	960.25	8.82
2003－		25 574.36	917.61	661.75	917.61	8.15
2003＋		21 775.16	583.69	422.25	583.69	6.08
2002－		23 826.6	824.83	479.65	824.83	7.36
2002＋		22 336.26	771.06	455.62	771.06	7.40

注："＋"表示上半年，"－"表示下半年。

表5 7.3节所用数据（part 2）

年份	深圳机场租赁服务收入（万元）	深圳机场城市候机楼个数	白云机场租赁服务收入（万元）	白云机场城市候机楼个数
2011－	10 793.86	22	23 193.78	15
2011＋	10 421.14	21	21 427.01	15
2010－	9 624.69	19	23 187.41	13
2010＋	9 383.31	18	15 687.9	12
2009－	9 793.71	17	22 822.49	12
2009＋	7 091	10	10 992.29	11

（续表）

年份	深圳机场租赁服务收入(万元)	深圳机场城市候机楼个数	白云机场租赁服务收入(万元)	白云机场城市候机楼个数
2008－	4 743.02	8	18 667.36	9
2008＋	10 350.25	6	9 499.56	6
2007－	6 213.15	6	12 231.46	6
2007＋	9 098.78	1	8 321.26	5
2006－	8 413.24	1	8 978.23	4
2006＋	7 426.36	1	6 953.3	4
2005－	8 688.94	1	10 621.72	3
2005＋	4 198.06	1	7 140.37	2
2004－	2 125.24	1	6 650.57	2
2004＋	3 344.3	1	1 539.26	2
2003－	2 325.58	1	2 555.38	2
2003＋	2 767.33	1	1 206.39	2
2002－	3 131.91	1	2 392.51	2
2002＋	3 149.44	1	1 523	2
2001－	3 270.52	1		2
2001＋	3 049.88	1		2

注:"＋"表示上半年,"－"表示下半年。

表6　7.3节所用数据(part 3)

年份	白云机场零售商数(个)	宝安机场零售商数(个)	布伦特原油价格(美元/桶)
2013	259	91	
2011			111.255 598
2010			79.495 533 6
2009			61.671 264 8
2008			97.255 972 8

（续表）

年份	白云机场零售商数（个）	宝安机场零售商数（个）	布伦特原油价格（美元/桶）
2007			72.389 078 4
2006			65.144 062 5
2005			54.521 089 5
2004			38.265
2003			28.830 703 1
2002			25.023 255 8
2001			24.443 891 1

参 考 文 献

［1］百度百科.航空公司［EB/OL］. 2013. http://baike.baidu.com/view/246944.htm.

［2］百度百科. 机场［EB/OL］. 2021. https://baike.baidu.com/item/%E6%9C%BA%E5%9C%BA/74273? fr=aladdin.

［3］丛江.我国民用航空运输机场管理体制改革研究［D］.济南:山东大学,2010.

［4］雷珍细,谢泗薪.长沙黄花国际机场非航空业务市场结构分析［J］.空运商务,2012(2):39-42.

［5］卓蔚璇.机场管理集团非航空性业务的发展现状和战略——以 H 国际机场为例［J］.区域治理,2019(38):78-80.

［6］杨友孝,程程.从支柱产业角度透视主导产业选择——以广州花都临空经济区为例［J］.国际经贸探索,2009,25(8):27-31.

［7］张凤岩,王剑.大庆临空产业选择的实证研究［J］.未来与发展,2012,35(11):90-96.

［8］刘雪妮,宁宣熙,张冬青.发展临空产业集群的动力机制研究［J］.现代经济探讨,2007(1):62-65.

［9］闫娟.海南多机场临空经济发展研究［J］.市场周刊,2020,33(12):29-30.

［10］王吉杰,李育红.机场发展物流产业初探［J］.物流技术,2002(9):45.

［11］赵冰,曹允春.基于产业转移的临空产业选择研究［J］.商业研究,2013(2):58-63.

［12］周霆钧,马占霞,王春丽.聚焦临空总部经济引领高端产业发展［J］.今日中国论坛,2007(Z1):126-127.

［13］关娜,吴永祥.临空产业发展特色与现实探讨［J］.南京航空航天大学学报(社会科学版),2010,12(3):53-56.

［14］程程,邸振权.临空产业划分及其特征研究［J］.产业与科技论坛,2012,11(23):21-22.

［15］王珏璟,黄悦,陈智玲.临空经济的产业布局研究［J］.现代商业,2012(32):39.

［16］张贤都,张贤荣.临空经济区产业特征与空间布局模式研究［J］.室内设计,2010,25(2):51-54.

［17］史娟红.南京禄口临空经济区产业选择的探讨［J］.产业与科技论坛,2010,9(3):74-77.

[18] 朱丹.厦门临空产业发展战略研究[J].辽宁工程技术大学学报(社会科学版),2009,11(6):571-574.

[19] 方中权.新白云机场周边地区产业发展研究[J].世界地理研究,2005(2):87-91.

[20] 孙沂汀.日本机场的发展经验及其对北京新机场临空经济区的启示[J].北华航天工业学院学报,2019,29(6):23-25.

[21] 苏州,胡荣.广义虚拟经济视角下的民用机场非航空性资源价值[J].广义虚拟经济研究,2012,3(1):29-35.

[22] 何行,何潇.通用机场对县域经济发展的影响分析[J].科技和产业,2020,20(12):154-159.

[23] 吴涛,王运泉.广州新白云机场对花都区经济发展影响分析[J].广州大学学报(自然科学版),2005(3):243-248.

[24] 马风华.机场发展与城市经济增长的关系研究——以广州白云机场和深圳宝安机场为例[J].特区经济,2013,(2):200-203.

[25] 吴建军,高燕菲.临空经济、区域创新与经济增长——基于中国 37 个大型空港城市的经验研究[J].湖南科技大学学报(社会科学版),2020,23(6):84-91.

[26] 高友才,何燹.临空经济对区域经济发展影响研究[J].经济经纬,2020,37(4):20-27.

[27] 卢芬.机场项目对国民经济的贡献研究[D].广州:华南理工大学,2011.

[28] 刘海波,刘明君.机场与腹地经济互动发展分析[J].兰州商学院学报,2009,25(8):59-63.

[29] 彭语冰,董振强,彭峥.机场与区域经济和谐发展分析[J].商场现代化,2007(15):207-208.

[30] 张蕾,陈雯,宋正娜,等.机场运营与区域经济增长关联性——以南京禄口国际机场为例[J].地理科学进展,2010,29(12):1570-1576.

[31] 陈共荣,刘志仁.论民航机场对地方经济发展的梯层贡献[J].求索,2008(8):11-13.

[32] 王剑雨.民航机场社会经济效益分析及其评价方法研究[D].广州:暨南大学,2007.

[33] 孙淑芬.民航运输机场社会经济效益评价研究[D].天津:天津大学,2012.

[34] 宋伟,杨卡.民用航空机场对城市和区域经济发展的影响[J].地理科学,2006(6):649-657.

[35] 柏景岚,马宁.浅析机场建设的经济效应[J].今日湖北(理论版),2007(7):4.

[36] 刘雪妮,钟山.我国大中型机场的社会经济效益评价[J].综合运输,2009(10):35-39.

[37] 曹允春.中枢机场在区域经济发展中的作用[J].经济地理,2001(2):240-243.

[38] 陆东.航空运输企业客运价格策略制定研究——基于国内民航市场结构的分析[J].价格理论与实践,2020(4):140-143.

[39] 于嘉.中国民航业市场结构、竞争行为及策略分析——基于民航网络经济性的新认识[J].中国物价,2013(9):25-28.

[40] 罗奕钦.关于我国机场行业竞争的法制问题研究[D].南京:南京航空航天大学,2008.

[41] 余英.从垄断走向竞争:放松航空公司管制背景下机场产业的变化[J].暨南学报(哲学社会科学版).2007(3):54-59.

[42] 刘伟.基于纵向垄断市场结构的规制定价研究[D].重庆:重庆大学,2003.

[43] 李璟宏,宗苏宁.我国机场市场集中度发展趋势分析[J].空运商务,2007(22):10-12.

[44] 蔡丹捷.管制放松对中国机场业的影响分析[D].厦门:厦门大学,2009.

[45] 王偶傥.机场竞争与机场营销[M].北京:中国民航出版社,2005.

[46] 林中涛.福州机场竞争战略研究[D].厦门:厦门大学,2009.

[47] 刘剑.基于竞争能力互补的内蒙古民航机场集团公司合作竞争战略研究[D].呼和浩特:内蒙古大学,2006.

[48] 黄佳,张宁.邻近机场的客流竞争模型研究[J].中国管理信息化,2009,12(20):77-81.

[49] 杨秀云.中国民用机场竞争优势的空间分布特征[J].人文地理,2007(6):42-46.

[50] 陈林.桂林机场综合竞争力分析与提升研究[D].南宁:广西大学,2012.

[51] 陈雪.机场企业核心能力评价及提升策略研究[D].武汉:武汉理工大学,2012.

[52] 周培坤.民用机场体制的国际比较及我国机场体制改革研究[D].厦门:厦门大学,2008.

[53] 秦鹏,李汝义."西三角"大型机场战略联盟的运行及其规制[J].重庆社会科学,2011(11):25-30.

[54] 吉向东.基于大数据技术的智慧机场管理平台的设计与研究[J].信息系统工程,2020(7):40-41.

[55] 朱海瀛.战略成本管理在机场公司中的探索[J].全国流通经济,2020(14):55-56.

[56] 吴佩.智慧机场的大数据管理在机场商业中的应用[J].中外企业家,2020(5):122.

[57] 胡小波.北京首都机场发展战略研究[D].北京:对外经济贸易大学,2006.

[58] 褚衍昌.机场运营效率评价与改善研究[D].天津:天津大学,2009.

[59] 徐淑媛.昆明机场管理模式研究[D].昆明:云南大学,2011.

[60] 张永莉,张晓全.民营化:民用机场改革的新趋势[J].综合运输,2005(8):24-26.

[61] 杨坤.漠河机场发展战略研究[D].沈阳:东北大学,2008.

[62] 王佳.四川省机场集团发展战略研究[D].成都:西南交通大学,2008.

[63] 郭睿君.我国机场管理改革问题的探讨[D].北京:对外经济贸易大学,2003.

[64] 李兰冰.生产效率视角下我国国际机场的绩效评价[J].统计与决策,2008(23):55-58.

[65] 任新惠,赵晶.我国机场运营效率影响机制及提升策略研究[J].交通企业管理,2010, 25(11):6-7.

[66] 徐晓东,禄建恒.我国机场综合发展战略初探[J].中国民用航空,2006(6):16-18.

[67] 唐琮沅,张明玉,吴桂先.属地化后我国机场业的管理模式选择[J].物流技术,2006(1): 20-22.

[68] 张越,胡华清.区域机场整合:机场业的发展战略和趋势[J].综合运输,2006(5): 25-30.

[69] 杨秀云,姚树洁.中国机场业发展的决定因素———基于扩展生产函数的实证分析[J]. 当代经济科学,2009,31(1):42-49.

[70] 杨秀云,卓少杰,王新安.中国机场业管制改革的演进与有效性[J].西安交通大学学报 (社会科学版),2010,30(5):29-33.

[71] 陈宏民,胥莉.双边市场——企业竞争环境的新视角[M].上海:上海人民出版社,2007.

[72] ROCHET J C, TIROLE J. Two-sided Markets:An Overview[EB]. Mimeo, IDEI University of Toulouse, 2004.

[73] Gawer A, CUSUMANO M A. Platform Leadership:How Intel, Microsoft, and Cisco Drive Industry Innovation[M]. Boston:Harvard Business School Press, 2002.

[74] CAILLAUD B, JULLIEN B. Chicken&Egg:Competition among Intermediation Service Providers[J]. The RAND Journal of Economics, 2003,34(2):309.

[75] 崔婷,刘家麒,魏章进.网络借贷平台双边用户交叉网络外部性研究:来自中国 P2P 网络借贷行业的经验证据[J].数理统计与管理,2019,38(3):561-570.

[76] WANG Z, MCANDREWS J. Micro-foundations of Two-sided Markets:The Payment Card Example[EB/OL]. Payments System Research Working Paper, 2006, NO.01.

[77] EVANS D S. SCHMALENSEE R. Markets with Two-sided Platforms[J]. Issues in Competition Law and Policy, 2008,667:667-693.

[78] 刘娜.双边市场视角下我国搜索引擎市场的定价行为分析[D].大连:东北财经大学,2011.

[79] 王冠桥.基于双边市场的视频游戏平台市场结构选择研究[D].上海:上海交通大学,2011.

[80] KATZ M L, SHAPIRO C. Network Externalities, Competition, and Compatibility[J]. American Economic Review, 1985,75(3):424-440.

[81] ARMSTRONG M. Competition in Two-sided Markets[J]. The RAND Journal of Economics, 2006, 37(3):668-691.

[82] ANDERSON S P, COATE S. Market provision of broadcasting: a welfare analysis[J]. The Review of Economic Studies, 2005,72(4): 947-972.

[83] 李永立,刘超,樊宁远,等.众筹平台上网络外部性的价值度量模型[J].管理科学学报, 2020,23(6):44-58.

[84] 张花妮.第三方支付平台双边市场特征的刻画[J].中国城市经济,2011(23):97.

[85] 梁静,余丽伟.网络效应与技术联盟[J].外国经济与管理,2000(4):17-21.

[86] KAISER U, WRIGHT J. Price Structure in Two-sided Markets: Evidence from the Magazine Industry[J].International Journal of Industrial Organization, 2006, 24(1): 1-28.

[87] POOLSOMBAT R, VERNASCA G. Partial Multi-homing in Two-sided Markets[EB/OL]. http://www. york. ac. uk/search/? q = Poolsombat&btnG = Search&site = yorkweb&client=yorkweb&output=xml_no_dtd&proxystylesheet=yorkweb, 2006.

[88] HERMALIN B E, KATZ M L. Senders or receiver: Who should pay to exchange an electronic message? [J]. The RAND Journal of Economics, 2004, 35(3): 423-448.

[89] ROSON R. Two-Sided Markets: A Tentative Survey [EB]. Mimeo, University's Ca'Foscari di VeneZia, 2004.

[90] GABSZEWICZ J J, WAUTHY X. Two-sided Markets and Price Competition with Multi-homing[J]. SSRN Electronic Journal, 2004.

[91] 尹龙.基于双边市场理论的平台厂商定价与竞争策略研究[D].哈尔滨:哈尔滨商业大学,2011.

[92] 刘赫,郇正林,郑嘉俐,等.多归属 P2P 网贷平台定价及盈利模式分析:一个两阶段动态博弈模型[J].系统工程理论与实践,2019,39(7):1669-1679.

[93] 纪汉霖.用户部分多归属条件下的双边市场定价策略[J].系统工程理论与实践,2011, 31(1):75-83.

[94] 赵燕飞,王勇.考虑卖方用户部分多归属的双寡头双边平台增值服务与定价竞争策略研究[J].预测,2020,39(4):76-82.

[95] 高纪平.部分多归属下信息不对称平台的定价策略[J].中国科学技术大学学报,2017,47(11):951-959.

[96] 王小芳,纪汉霖.用户部分多归属条件下双边市场平台纵向一体化策略[J].系统工程,2011,29(3):21-26.

[97] 纪汉霖.用户部分多归属时的平台企业定价及选址问题[J].系统工程,2010,28(3):40-45.

[98] 刘宗沅,骆温平.平台企业与合作伙伴:从传统合作到生态合作的演变——以菜鸟网络与快递企业为例[J].大连理工大学学报(社会科学版),2021,42(2):31-41.

[99] 钟琦,杨雪帆,吴志樵.平台生态系统价值共创的研究述评[J].系统工程理论与实践,2021(2):421-430.

[100] 胡丹丹,曹畅,陈越.基于创新生命周期的平台管理模式研究——以 Bilibili 视频平台为例[J].中国商论,2020,(24):101-103.

[101] 陈晨.基于双边市场的钢铁产品新型贸易模式研究[D].沈阳:东北大学,2010.

[102] 龙丽丽.双边市场的网络构建、盈利模式及竞争优势研究[D].北京:北京交通大学,2011.

[103] 孙龙,纪汉霖.我国移动互联网生态系统构建策略分析——基于双边市场理论[J].中国集体经济,2012(28):28-30.

[104] EVANS D S. Some Empirical Aspects of Multi-sided Platform Industries[J].Review of Network Economics,2003,2(3):191-209.

[105] ROCHET J C, TIROLE J. Two-sided markets:an overview[EB]. Mimeo, IDEI, University of Toulouse,2004.

[106] ROCHET J C, TIROLE J. Two-sided markets:a progress report[J]. The RAND Journal of Economics, 2006,37(3):645-667.

[107] SCHIFF A. Open and closed systems of two-sided networks[J]. Information Economics and Policy. 2003,15(4):425-442.

[108] BOLT W, TIEMAN A F. Banking Competition, Risk and Regulation[J]. The Scandinavian Journal of Economics, 2004,106(4):783-804.

[109] 罗钢,黄丽华.网络外部性条件下电子商务平台双边定价策略[J].企业经济,2007(4):

135-137.

[110] 李锐.具有不对称结构的双边市场下中介人竞争问题[J].世界经济,2006(1):68-77.

[111] 陈义国.基于双边市场理论的电视媒体价格策略研究[D].广州:暨南大学,2011.

[112] 池坤鹏.基于双边市场理论的网络团购定价策略研究[D].北京:北京交通大学,2012.

[113] 孙聪.双边市场理论视角下的视频网站定价策略研究[D].上海:复旦大学,2011.

[114] PARKER G, ALSTYNE M V. Information Complements, Substitutes, and Strategic Product Design[EB]. Mimeo, Tulane University and University of Michigan, 2004.

[115] ATTILA AMBRUS, ROSSELLA ARGENZIANO. Network Markets and Consumer Coordination[EB]. Cowles Foundation Discussion Paper NO. 1481, 2004.

[116] BOLT W, TIEMAN A F, ORG W, et al. On Myopic Equilibria in Dynamic Games with Endogenous Discounting[J]. IMF Working Papers, 2006,6(302):1.

[117] 徐晋.平台经济学——平台竞争的理论与实践[M].上海:上海交通大学出版社,2007.

[118] JULLIEN B. Two-sided Markets and Electronic Intermediaries[J]. CESifo Economic Studies, 2005,51(2/3):233-260.

[119] WRIGHT J. One-sided Logic in Two-sided Markets [J]. Review of Network Economics, 2004,20:325-381.

[120] 纪汉霖.双边市场定价方式的模型研究[J].产业经济研究,2006(4):11-20.

[121] KIND H J, KOETHENBUERGER M, SCHJELDERUP G. On revenue and Welfare dominance of ad valorem taxes in two-sided markets[J]. Economics Letters, 2009, 104(2): 86-88.

[122] 程贵孙,陈宏民,孙武军.双边市场视角下的平台企业行为研究[J].经济理论与经济管理,2006(9):55-60.

[123] 单姗,曲创.平台厂商市场势力的判定——提价能力的适用性分析[J].福建师范大学学报(哲学社会科学版),2017(1):87-94.

[124] 郑小碧.平台型市场势力与贸易便利化改革路径[J].社会科学战线,2020(4):46-58.

[125] 胥莉,陈宏民.具有网络外部性特征的企业定价策略研究[J].管理科学学报,2006(6):23-30.

[126] KATSAMAKAS E, Y BAKOS. Design and ownership of two-sided networks[J]. Journal of Management Information Systems, 2004, 25(2): 171-202.

[127] 程贵孙.基于双边市场理论的传媒产业运行机制与竞争规制研究[D].上海:上海交通

大学,2007.

[128] Schwartz M, Vincent D. Same Price, Cash, or Card: Vertical Control by Payment Networks [EB]. Georgetown University Working Paper 02-01, 2002.

[129] 冯振华,刘涛雄.平台型垄断与反垄断政策[J].研究与发展管理,2019,31(5):51-63.

[130] 周正.基于双边市场理论的电子商务平台竞争规制研究[D].大连:东北财经大学,2010.

[131] 宫志龙.基于双边市场理论的即时通讯产业反垄断研究[D].大连:东北财经大学,2011.

[132] 黄杰.论反垄断法对双边市场中平台企业的适用[D].北京:中国政法大学,2009.

[133] 乔安·罗宾逊.不完全竞争经济学[M].陈良璧,译.北京:商务印书馆,1961.

[134] 上海机场年底开放"第五航权"[EB/OL]. http://news. sohu. com/20051020/n227257215.shtml, 2005.

[135] 中国民用航空局发展计划司.从统计看民航[M].北京:中国民航出版社,2017.

[136] 徐晋,张祥建.平台经济学初探[J].中国工业经济,2006,(5):40-47.

[137] 陈玲.双边市场理论视角下的市场平台研究[J].商业研究,2010(4):21-24.

[138] EVANS, D. The Antitrust Economics of Multi-sided Platform Markets[J]. Yale Journal on Regulation, 2003:325-382.

[139] 郭庆旺.公共经济学大辞典[乙].北京:经济科学出版社,01-Aug-1999.

[140] 沈满洪,何灵巧.外部性的分类及外部性理论的演化[J].浙江大学学报(人文社会科学版),2002(1):152-160.

[141] 保罗·萨缪尔森,威廉·诺德豪斯.经济学:第十六版[M].萧琛,等译.北京:华夏出版社,1999:263.

[142] 阿兰·兰德尔.资源经济学[M].施以正,译.北京:商务印书馆,1989:155.

[143] KATZ M, SHAPIRO C. Network Externalities, Competition, and Compatibility[J]. American Economic Review, 1985, 75(3): 424-440.

[144] 卡尔·夏皮罗,哈尔·瓦里安.信息规则:网络经济的策略指导[M].张帆,译.北京:中国人民大学出版社,2000.

[145] 纪汉霖,张永庆.用户多归属条件下的双边市场平台竞争策略[J].经济问题探索,2009(5):101-107.

[146] 顾承东,刘武君.机场融资——大型国际机场多元化融资模式研究[M].上海:上海科学技术出版社,2009.

[147] 深圳市机场集团.深圳市机场股份有限公司 2011 年年度报告[R].深圳:深圳机场集团,2012.

[148] ASHFORD N,MOORE C A. Airport Finance[M]. Boston,MA:Springer US,1992.

[149] 赵斌.机场非航空服务的分析[J].中国民航学院学报(综合版),1998(1):62-66.

[150] 谭惠卓.现代机场发展与管理[M].北京:中国民航出版社,2008.

[151] 中华人民共和国中央人民政府.民用机场收费改革方案[EB/OL]. http://www.gov. cn/govweb/zwgk/2008-02/25/content_900188.htm,2008.

[152] BELLEFLAMME,P and E TOULEMONDE. Competing B2B Marketplaces[EB]. Mimeo,CORE Louvain and Lausanne University,2004.

[153] ROCHET J C,TIROLE J,Platform Competition in Two-Sided Markets[J]. Journal of European Economic Association,2003,1(4):990-1029.

[154] SCHIFF A. Open and Closed Systems of Two Sided Networks[J]. Information, Economics and Policy,2003,15:425-442.

[155] Armstrong M. The Theory of Access Pricing and Interconnection[EB/OL]. https:// www.researchgate.net/profile/Mark-Armstrong-2/publication/46444743_The_Theory_ of _ Access _ Pricing _ and _ Interconnection/links/56cd796f08aeb52500c27eb7/The-Theory-of-Access-Pricing-and-Interconnection.pdf,2001.

[156] FARRELL J,SALONER G. Standardization,compatibility,and innovation[J]. The RAND Journal of Economics,1985,16(1):70.

[157] 高铁梅.计量经济分析方法与建模:EViews 应用及实例[M].2 版.北京:清华大学出版社,2009.

[158] 刘思峰,谢乃明.灰色系统理论及其应用(第四版)[M].北京:科学出版社,2008:125.

[159] GRAHAM A.,How important are commercial revenues to today's airports?[J]. Journal of Air Transport Management,2009,15(3):106-111.

[160] APPOLD S J,KASARDA J D. Seeding Growth at Airports and Airport Cities Insights from the Two-sided Market Literature[J]. Research in Transportation Business & Management,2011(1):91-100.

[161] 陆静.城市候机楼开疆拓土[J].运输经理世界,2011(9):83-85.

后　记

　　本书的出版时间相对于我写博士论文的时间已有些迟到的感觉。在我小的时候，我一直对飞机很感兴趣，而正是这份兴趣，使我来到了南京航空航天大学，选择了跟随江可申老师攻读民航运输业的市场结构及运营管理专业。也正是这份爱好，让我选择了研究临空经济、机场管理。遗憾的是，在我博士毕业之后，由于种种原因，没能继续延续我之前的研究路径。

　　2020年，我和魏洁云回忆当初读博的时光，萌发了在之前的研究基础之上出版一部关于机场管理方面的书籍。在曹佳颖同学、魏洁云老师以及东南大学出版社的热心帮助下，在江老师的悉心指导下，完成了本书的撰写和修改。在此我要对他们表示衷心的感谢！

　　本书的出版是我对读博期间所做的研究与探索的一个交代，也是对踏入教师工作岗位以后进行学术探索研究的一个鞭策，鼓励自己要继续前行，去探索更多的未知领域。虽然科研的道路有很多艰辛，但是"道之所在，虽千万人吾往矣"！